NBA全史

王玉国 著

上

图书在版编目（CIP）数据

NBA 全史 . 上 / 王玉国著 . -- 北京 : 北京时代华文书局 , 2023.12

ISBN 978-7-5699-5103-5

Ⅰ.①N… Ⅱ.①王… Ⅲ.① NBA －概况 Ⅳ.G841.971.2

中国国家版本馆 CIP 数据核字 (2023) 第 240977 号

NBA QUANSHI. SHANG

出 版 人：陈　涛
选题策划：董振伟　直笔体育
责任编辑：马彰羚　张彦翔
装帧设计：王　静　段文辉
责任印制：訾　敬

出版发行：北京时代华文书局 http://www.bjsdsj.com.cn
　　　　　北京市东城区安定门外大街 138 号皇城国际大厦 A 座 8 层
　　　　　邮编：100011　电话：010-64263661　64261528
印　　刷：北京盛通印刷股份有限公司
开　　本：787 mm×1092 mm　1/16　　　成品尺寸：185 mm×260 mm
印　　张：15　　　　　　　　　　　　　字　　数：255 千字
版　　次：2023 年 12 月第 1 版　　　　印　　次：2023 年 12 月第 1 次印刷
定　　价：90.00 元

本书图片由视觉中国提供。

蒂姆·哈达威　　　　　格兰特·希尔

康尼·霍金斯　　　斯潘塞·海伍德

凯里·欧文　　马拉维奇

保罗·皮尔斯　　内特·瑟蒙德　　　　韦斯·昂塞尔德

鲍勃·麦卡杜

查尔斯·巴克利

维尔特·张伯伦

詹姆斯·哈登

斯科特·皮蓬

史蒂夫·纳什　　　　沃尔特·贝拉米

杰克·特怀曼　　　贾巴尔

威利斯·里德

阿伦·艾弗森　　埃尔文·约翰逊

里克·巴里　　　德雷克斯勒　　　阿奇博尔德

卡尔·马龙

德怀恩·韦德　# 迈克尔·乔丹　乔·杜马斯

维斯布鲁克　　　　　　　拉里·伯德

威尔金斯

勒布朗·詹姆斯　戴夫·宾

文斯·卡特

乔治·麦肯　比利·坎宁安

比尔·拉塞尔

蒙克利夫

麦克格雷迪

多尔夫·谢伊斯　　　丹特利　安芬尼·哈达威

杰里·韦斯特　　　　卡梅隆·安东尼

哈尔·格瑞尔　　雷·阿伦　　　沃尔特·弗雷泽

沙奎尔·奥尼尔　鲍勃·兰尼尔

戴夫·考恩斯

肖恩·坎普

杰里·卢卡斯

摩西·马龙

鲍勃·库西

帕特里克·尤因

保罗·加索尔

埃尔金·贝勒

托尼·帕克

穆托姆博

斯蒂芬·库里

马努·吉诺比利

奥斯卡·罗伯特森

阿德托昆博

麦克海尔

杰森·基德

克里斯·穆林

德怀特·霍华德

凯文·加内特

哈弗里切克

丹尼斯·约翰逊

克里斯·韦伯

丹尼斯·罗德曼

蒂姆·邓肯

科比·布莱恩特

英格利什

罗伯特·帕里什

奥拉朱旺

雷吉·米勒

萨姆·琼斯

阿蒂斯·吉尔摩

斯托克顿

大卫·罗宾逊

兰尼·威尔肯斯

科怀·莱昂纳德

克里斯·保罗

阿伦佐·莫宁

姚明

厄尔·门罗

詹姆斯·沃西

戴夫·迪巴斯切尔

乔治·格文

鲍勃·佩蒂特

凯文·杜兰特

加里·佩顿

大卫·汤普森

伯纳德·金

比尔·沃顿

伊赛亚·托马斯

诺维茨基

埃尔文·海耶斯

朱利叶斯·欧文

目录

CONTENTS

第一章 典藏时刻，梦回开始

第二章 统治超群，"绿衫时代"

第三章 **翻天覆地，诸神混战**

第四章 **极致PK，"黑白" 争霸**

第一章

典藏时刻，梦回开始

1945年，第二次世界大战结束，作为战胜国的美国欢欣雀跃，一批精明的商人和老板敏锐地洞察到，从炮火中走出来的民众会越发需要娱乐，他们决定成立新的篮球联盟——NBA（National Basketball Association，美国国家篮球协会，通常也指该协会主办的美国男子篮球职业联赛）的前身——BAA（Basketball Association of America，全美篮球协会）。

BAA的生日是1946年6月6日。这一天，在纽约中央车站附近的"舰长饭店"里，BAA召开了成立大会。会议确定了11支参赛球队：纽约尼克斯队、波士顿凯尔特人队、芝加哥牡鹿队、克利夫兰叛逆者队、底特律猎鹰队、费城勇士队、匹兹堡铁人队、普罗维登斯蒸汽压路机队、圣路易斯轰炸机队、多伦多哈士奇队和华盛顿国会队。会议同时确定了每支球队每个赛季进行60场常规赛。

BAA和当时大大小小的联盟相比，有四个与众不同的地方：

（1）所有11支球队的老板都有自己的体育馆。（2）由于当时采用主客场制的大学业余联赛已经非常成功，BAA的球员都是刚刚大学毕业的篮球选手。（3）BAA借鉴了当时冰球联赛的赛程，分为东、西部两个联盟以及若干个赛区；常规赛时，联盟内部的球队要打两个主客场，并和另一个联盟的球队打一次主客场，按照成绩好坏排出名次，只有进入季后赛才有资格夺取总冠军。（4）与业余篮球上下半场的计时制不同，BAA采用4节48分钟制。为了取悦球迷，避免比赛枯燥沉闷，BAA禁止使用区域联防。

1946年11月1日，BAA的第一场比赛在枫叶花园进行，多伦多哈士奇队主场迎战纽约尼克斯队。比赛开始后，史克曼得到了尼克斯队、也是BAA历史上的第1分，率队获6∶0领先，首节比赛

起航！第一次美妙跳投 第一位球星

1946—1947

总冠军：**费城勇士队**

得分王：**乔·弗尔克斯**（勇士队／1389分）

助攻王：**埃尼·卡弗利**（蒸汽压路机队／202次）

结束，尼克斯队16∶12领先。尼克斯队一度把领先优势扩大至15分，多伦多哈士奇队教练兼队员萨多斯基率队反击，在半场结束前将比分追至29∶37。不幸的是，萨多斯基很快在3分钟内个人累计犯规达到5次，被罚出场。诺斯特雷德替下萨多斯基后，哈士奇队反而士气大增，第三节比赛结束时将比分反超为48∶44。比赛还剩最后两分半钟，尼克斯队的迪克和托米贡献一次投篮和一次罚球，多伦多哈士奇队以66∶68惜败。萨多斯基砍下18分，里奥得到14分，是各自球队的最高分。

BAA首个赛季诞生了历史上第一个球星，他就是来自费城勇士队的乔·弗尔克斯。弗尔克斯来自肯塔基大学，身高1.98米，他在进攻端无所不能，以总得分1389分成为1946—1947赛季的得分王（在1969—1970赛季之前，得分王、助攻王分别是赛季总得分、总助攻最多的球员）。那个年代，进攻并没有时间限制，球员的身体素质远没有今天这么好，大家一般采用双脚原地站立胸前投篮，单脚离地被视为挑战教练权威的"大逆不道"的行径，因此球员的投篮命中率普遍在30%左右。能在这种情况下场均砍下23.2分，弗尔克斯的进攻效率之高可见一斑，他比场均得分榜第二的鲍勃·菲利克高出6分多，后者的场均得分只有16.8分。由于进攻效率低下，联盟的首个助攻王——蒸汽压路机队的埃尼·卡弗利场均助攻次数只有3.4次，总助攻数202次。

那个赛季，后来被称为"红衣主教"的里德·奥尔巴赫执教的华盛顿国会队荣膺常规赛冠军，战绩为49胜11负，其中主场战绩为骄人的29胜1负。但在季后赛中，国会队被扎斯洛夫斯基和中锋查克·哈勃特带领的牡鹿队以大比分4∶2击败。而费城勇士队则在弗尔克斯的率领下，连克圣路易斯轰炸机队和纽约尼克斯队，与芝加哥牡鹿队会师总决赛。

总决赛首战，弗尔克斯下半场如有神助，无人能挡，劈下29分，全场比赛砍下37分，率勇士队获得开门红。美联社撰文称："这是在这个球馆（费城球馆）见过的最伟大的投篮秀。"

首战告捷，勇士队势如破竹，再下两城，3∶0取得赛点。第四战，牡鹿队扳回一城，但终因实力不济，无力回天，以1∶4败北，目送勇士队捧取BAA历史上首个总冠军。总决赛中，除了弗尔克斯，达尔玛和安吉洛·姆西也立下汗马功劳。

获得总冠军后，勇士队球员每人得到2000美金，这相当于当时大多数球员半个赛季的薪水。

1946—1947赛季排名

东部联盟			
排名	球队	胜	负
1	华盛顿国会队	49	11
2	费城勇士队	35	25
3	纽约尼克斯队	33	27
4	普罗维登斯蒸汽压路机队	28	32
5	波士顿凯尔特人队	22	38
6	多伦多哈士奇队	22	38

西部联盟			
排名	球队	胜	负
1	芝加哥牡鹿队	39	22
2	圣路易斯轰炸机队	38	23
3	克利夫兰叛逆者队	30	30
4	底特律猎鹰队	20	40
5	匹兹堡铁人队	15	45

NBA PLAYOFFS

NBA季后赛 对阵表
1946—1947赛季

费城勇士队 2
费城勇士队 2
圣路易斯轰炸机队 1

The Finals
费城勇士队

费城勇士队 4　芝加哥牡鹿队 1

芝加哥牡鹿队 4
华盛顿国会队 2

纽约尼克斯队 2
纽约尼克斯队 0
克利夫兰叛逆者队 1

由于BAA从酝酿到成立的时间很短，初期的局势动荡不堪，这里面有经济和运营的原因，也有规则尚不健全的原因。由于缺乏硬性、有效的规则制度，一些球队可以随意进入、退出联盟。

BAA第二个赛季伊始，多伦多哈士奇队、底特律猎鹰队、克利夫兰叛逆者队和匹兹堡铁人队就单方面宣布退出联盟。如此一来，联盟由成立之初的11支球队锐减为7支，BAA面临分崩离析的危险。

这反倒成全了ABL（American Basketball League，美国篮球联盟）的巴尔的摩子弹队。早在1946年，子弹队就有意加入这个全新的联盟，但由于球馆质量太差而遭到拒绝。4支球队退出后，BAA高管终于给子弹队放行，

这才勉强凑足了8支球队。

由于球队锐减，同时为了节省旅费开支，这一赛季的常规赛由60场减为48场。令高层稍感欣慰的是，BAA在本赛季吸纳了一位达人，乔·雷普奇克成为纽约尼克斯队的新任主教练。雷普奇克曾在ABL的原凯尔特人队效力，随后在圣约翰大学队执教，是一位经验丰富的篮球教练。从这方面来说，BAA尽管举步维艰，但也逐步走上了招揽良将加盟、提高技术含量的道路。

上赛季得分王乔·弗尔克斯依然保持了较高水准，场均得分22.1分，但由于因伤缺席了5场比赛，他的赛季总得分是949分，列联盟第二。而赛季的总得分王头衔被牡鹿队的马克斯·扎斯洛夫斯基抢走，他的总得分突破千分大关，达到1007分。勇士队的达尔马荣膺

1947—1948

惊叹！第一次大逆转
子弹队造神迹

总冠军： 巴尔的摩子弹队

得分王： 马克斯·扎斯洛夫斯基（牡鹿队／1007分）

助攻王： 豪伊·达尔马（勇士队／120次）

助攻王，助攻总数120次。

　　刚刚入伙的子弹队常规赛战绩为28胜20负，但他们在不被看好的情况下连胜尼克斯队和牡鹿队，闯进总决赛。上赛季冠军勇士队则4∶3险胜圣路易斯轰炸机队，再次跻身总决赛。子弹队跻身总决赛本来就令人意外，但更神奇的事情还在后面，他们在总决赛中再次上演以弱克强的好戏，以4∶2的大比分加冕。其中，第二战的21分逆转被看作历史上最震撼人心的总决赛翻盘战。

　　总决赛首战，勇士队以经验取胜，71∶68取得开门红。第二战，勇士队上半场就将子弹队打蒙，41∶20，看上去一场屠杀在所难免。面对一边倒的战况，勇士队主场的观众也感到索然无趣，他们脑子里想的已经不是比赛本身，而是赛后如何去庆祝。然而，下半场比赛风云突变，子弹队展开绝地反击，第三节比赛结束时竟然神奇地将比分扳为40∶48，仅仅落后8分。21分的

领先优势瞬间化为乌有，勇士队球员方寸大乱，而子弹队则愈战愈勇，最终将比分定格为66∶63，总决赛的第一次经典大逆转就此诞生。子弹队偷得一场胜利后，势头再也无法抑制，最终4∶2将不可一世的勇士队拉下马来。

　　一个有趣的段子是，由于当时比赛规则很不完善，球员打球相当粗野，子弹队的领军人物巴蒂·吉安纳特在加冕战中嘴唇被打裂，比赛结束后他不得不先把嘴唇缝合，然后才能出去喝酒庆祝。

　　这是子弹队队史上第一次也是唯一一次获得BAA总冠军，身高1.80米的吉安纳特成为历史上第一个以教练兼队员的身份获得职业联赛冠军的人。除了吉安纳特，身高2.03米的中锋克莱瑞斯·海蒙森、后卫切克·里瑟、前锋保罗·霍夫曼和康尼·西蒙森等人也永远地留在了子弹队和BAA的光荣史册上。

1947—1948赛季排名

东部联盟			
排名	球队	胜	负
1	费城勇士队	27	21
2	纽约尼克斯队	26	22
3	波士顿凯尔特人队	20	28
4	普罗维登斯蒸汽压路机队	6	42

西部联盟			
排名	球队	胜	负
1	圣路易斯轰炸机队	29	19
2	巴尔的摩子弹队	28	20
3	芝加哥牡鹿队	28	20
4	华盛顿国会队	28	20

NBA PLAYOFFS

NBA季后赛 对阵表
1947—1948赛季

西部赛区淘汰赛：芝加哥牡鹿队1：0华盛顿国会队
西部赛区排位赛：巴尔的摩子弹队1：0芝加哥牡鹿队

总体来说，BAA的头两个赛季运作得并不成功，联赛规模和门票收入锐减，财政亏损严重，已经到了无以为继、不变即死的地步。在进退两难的处境之下，头脑精明的总裁莫里斯·波多洛夫决定"策反"与BAA分庭抗礼的NBL（National Basketball League，美国国家篮球联盟）。实际上，总裁初期的计划是拉拢NBL的明尼阿波利斯湖人队，因为湖人队阵中有巨星乔治·麦肯，他想通过明星效应来救市。

麦肯身高2.08米，在大学时已是闻名遐迩的明星人物，1946年毕业加入NBL后，迅速成为湖人队和联盟的摇钱树。为了得到这一关键人物，波多洛夫顶住了BAA内部贵族集团的压力，决定无论城市大小和球队贫富，只要愿意加入，一律通吃。此举的目的只有一个，那就是降低准入门槛，引诱拥有麦肯的

湖人队入伙。

在现实操作中，招揽麦肯的计划演变成了更为庞大的扩军计划。精于社交的总裁先生巧舌如簧，不但成功说服了湖人队，还将韦恩堡活塞队、罗切斯特皇家队和印第安纳波利斯奥林匹亚队吸纳了进来。由于此前BAA独霸东部大城市，而NBL则占据了中西部的一些小城市，因此这次大规模扩军有着极其深远的战略意义。

尽管新加入的4支球队栖身于中小城市，但他们却不乏明星级球员，此次扩军让BAA一下子变得星光四射。不过就当时来看，对BAA影响最大的无疑是戴着近视眼镜、形似图书馆工作人员的传奇中锋乔治·麦肯。2.08米的麦肯鹤立鸡群，左右开弓，进攻技巧纯熟，在球场上根本就是个"无解男"。那个赛季麦肯场均轰下28.3分，

1948—1949

巨星！麦肯加盟湖人队
王朝迎序幕

总冠军： 明尼阿波利斯湖人队

得分王： 乔治·麦肯（湖人队／1698分）

助攻王： 鲍勃·戴维斯（皇家队／321次）

总分1698分，雄踞联盟得分榜首席，他的得分几乎占了湖人全队总得分的三分之一。

之前在NBL的那个赛季，麦肯在吉姆·波拉德的辅弼下率湖人队打遍联盟无敌手，轻而易举地揽获总冠军。令人震惊的是，湖人队在整个季后赛竟然只输了两场球，麦肯则是名副其实的巨无霸，以常规赛场均21.3分傲视群雄，季后赛场均24.4分也是联盟最高。

来到BAA后，麦肯迅速成为联盟中心和商业卖点，即便是湖人队客场作战，也会有大批球迷竞相买票，只为看那个"球场怪物"一眼。一个最生动的例子是：有一次湖人队客场挑战尼克斯队，麦迪逊广场花园的宣传海报上竟赫然写着"乔治·麦肯vs尼克斯队"（versus，表示比赛中双方的对比）。

有麦肯坐镇，湖人队也自然而然地成为联盟超级劲旅，他们以联盟第二的44胜16负结束常规赛，第一名正是与他们同时进入BAA的罗切斯特皇家队。其实两队在NBL时就是冤家对头，上赛季湖人队只输了两场季后赛，其中一场就是拜皇家队所赐。湖人队和皇家队的恩怨在BAA延续，两队在常规赛时就为冠军争得你死我活。季后赛中，这对冤家又在西部决赛中相遇，火星撞地球般

的激战正式上演。

西部决赛首战，湖人队以1分险胜。第二战，湖人队在第三节中一度落后12分，但他们在第四节发起疯狂反扑，最终逆转取胜，在3局2胜制的系列赛中完成横扫，昂首杀进总决赛。

来到总决赛，湖人队的对手是里德·奥尔巴赫挂帅的华盛顿国会队。在这个7局4胜制的系列赛中，湖人队很快就取得3∶0领先，拿到了赛点。天有不测风云，就在湖人队离总冠军只差1场胜利之际，麦肯却因腕伤缺战，国会队抓住机会扳回一场。第五战，麦肯眼见情况不对，遂决定打着石膏上阵，并勇砍22分，但国会队也从第四战中收获了信心，再胜一场，将总比分追成2∶3，局面重新变得扑朔迷离。

好在回到主场的湖人队重整旗鼓，再也没给对手机会，以77∶56狂屠国会队，大比分4∶2问鼎。季后赛10场比赛，麦肯场均生砍30.3分，一时风头无两。

毫无疑问，麦肯的到来在BAA掀起了一场势头迅猛的革命，从此篮球运动开始向高大化延展，被挖了墙角的NBL逐渐走向消亡。而且，麦肯携湖人队拉开了统治联盟的序幕，历史上第一支王朝球队已经浮出水面。

1948—1949赛季排名

东部联盟			
排名	球队	胜	负
1	华盛顿国会队	38	22
2	纽约尼克斯队	32	28
3	巴尔的摩子弹队	29	31
4	费城勇士队	28	32
5	波士顿凯尔特人队	25	35
6	普罗维登斯蒸汽压路机队	12	48
西部联盟			
排名	球队	胜	负
1	罗切斯特皇家队	45	15
2	明尼阿波利斯湖人队	44	16
3	芝加哥牡鹿队	38	22
4	圣路易斯轰炸机队	29	31
5	韦恩堡活塞队	22	38
6	印第安纳波利斯奥林匹亚队	18	42

NBA PLAYOFFS

NBA季后赛 对阵表
1948—1949赛季

West   East

明尼阿波利斯湖人队 2　芝加哥牡鹿队 0 — 明尼阿波利斯湖人队 2

华盛顿国会队 2 — 华盛顿国会队 2　费城勇士队 0

The Finals
明尼阿波利斯湖人队

明尼阿波利斯湖人队 4　华盛顿国会队 2

罗切斯特皇家队 2　圣路易斯轰炸机队 0 — 罗切斯特皇家队 0

纽约尼克斯队 1 — 纽约尼克斯队 2　巴尔的摩子弹队 1

新加盟的4支球队显然让BAA高层尝到了甜头，于是波多洛夫总裁继续把"魔爪"伸向日薄西山的NBL，将其旗下剩余的6支球队一网打尽——新加盟的球队中，只有锡拉丘兹民族队和三城黑鹰队存活了下来，即现在的费城76人队和亚特兰大老鹰队。

BAA彻底吞并NBL后，正式更名为NBA。由于BAA元老普罗维登斯蒸汽压路机队宣布解散，NBA诞生之初一共有17支球队。波多洛夫以其精明的头脑和宏大的魄力赢得一致认可，成为NBA首任总裁。规模大幅壮大后，NBA把17支球队分为西部、中部和东部三个赛区，由此迈进全新的发展轨道。

这个赛季的湖人队更为强大，他们不仅有"擎天一柱"乔治·麦肯和吉姆·波拉德，还补充进了"动力三人组"：前锋弗恩·米克尔森、后卫斯雷特·马丁和巴德·格拉特（此人后来在明尼苏达海盗足球队任教，一时传为佳话）。

重新分区后，湖人队归入中部赛区，巧合的是，老对头皇家队也在这个赛区，两队为中部冠军头衔展开了殊死搏斗。

两大明星当家，又补充进了活力无限的悍将，湖人队的整体实力要略高一些，但皇家队用一波骇人的15连胜告诉湖人队：想轻而易举收下中部赛区冠军，没门！果不其然，常规赛结束时，两队的战绩同为51胜17负，并列赛区第一。两队为此加赛一场，结果湖人队1分险胜，抢下中部赛区冠军。

这个常规赛，麦肯继续独孤求败，总分1865分，场均轰下27.4分，蝉联得分王称号——要知道，那个赛季只有两名球员场均得分达到20+，一个是乔

1949—1950

连冠！第一次卫冕
真正的NBA到来

总冠军：明尼阿波利斯湖人队

得分王：乔治·麦肯（湖人队/1865分）

助攻王：迪克·麦克奎尔（尼克斯队/386次）

治·麦肯，另一个是来自印第安纳波利斯奥林匹亚队的阿历克斯·格罗萨。

另外两个赛区，身高2.03米的多尔夫·谢伊斯场均得到16.8分，率领锡拉丘兹民族队以51胜13负问鼎东部。而阿历克斯·格罗萨场均进账23.4分，率奥林匹亚队称雄西部。

经过几番厮杀，湖人队和民族队会师总决赛。需要注意的是，由于17支球队分成3个赛区，季后赛赛程变得混乱不堪。湖人队连闯牡鹿队、活塞队和包装工队三关才杀进总决赛，而民族队则只打了两轮系列赛，战胜勇士队和尼克斯队后晋级。从赛程上说，民族队占据优势，湖人队消耗了更多的体力。而且，彼时民族队不乏多尔夫·谢伊斯、保罗和西蒙这样的天才球员，湖人队的卫冕之路看上去迷雾重重。

这是NBA历史上的第一届总决赛。

首战，拥有主场优势的民族队牢牢缠住湖人队。危难时刻方显英雄本色，终场哨响前，替补后卫鲍勃·哈里森不可思议地在约12.2米外投中一球，帮助湖人队以2分险胜，取得开门红。但民族队的情绪并未受到多大影响，他们在主场扳回一城，大比分变为1∶1。

5天后，第三战移师明尼阿波利斯进行。回到主场后，湖人队没给民族队任何喘息之机，干净利索地以91∶77再次超出。湖人队再胜一场后，将民族队推到了悬崖边缘，后者拼死挣扎拿下了第五战后，再也无力抵御湖人队的铁蹄，在第六战中以95∶110惨败。就这样，强大的湖人队以4∶2的总比分捧得NBA历史上的第一个总冠军奖杯。季后赛中麦肯的表现只能用现象级来形容，他场均砍下恐怖的31.3分。

连续收获BAA和NBA的两个总冠军，麦肯和湖人队已成为联盟巨无霸，以至于其他球队纷纷抱怨起明尼阿波利斯的球场构造来：由于观众席离球场太近，湖人队的主场要比标准球场窄一些，对手委屈地认为，这使得麦肯和他的队友在防守时更具统治力。民族队某后卫更是夸张地表示："当麦肯、波拉德和米克尔森把手臂都张开时，没有人可以通过那个狭窄的球场。"

这从另一个角度印证了麦肯和湖人队已然引发了联盟恐慌，这也为后来的规则修改埋下了伏笔。

1949—1950赛季排名

东部联盟			
排名	球队	胜	负
1	锡拉丘兹民族队	51	13
2	纽约尼克斯队	40	28
3	华盛顿国会队	32	36
4	费城勇士队	26	42
5	巴尔的摩子弹队	25	43
6	波士顿凯尔特人队	22	46

西部联盟			
排名	球队	胜	负
1	印第安纳波利斯奥林匹亚队	39	25
2	安德森包装工队	37	27
3	三城黑鹰队	29	35
4	希博伊根红皮队	22	40
5	滑铁卢老鹰队	19	43
6	丹佛掘金队	11	51

中部联盟			
排名	球队	胜	负
1	明尼阿波利斯湖人队	51	17
2	罗切斯特皇家队	51	17
3	韦恩堡活塞队	40	28
4	芝加哥牡鹿队	40	28
5	圣路易斯轰炸机队	26	42

NBA PLAYOFFS

NBA季后赛 对阵表
1949—1950赛季

锡拉丘兹
民族队 **2**

费城
勇士队 **0**

锡拉丘兹
民族队 **2**

纽约
尼克斯队 **2**

纽约
尼克斯队 **1**

华盛顿
国会队 **0**

锡拉丘兹
民族队 **2**

The Finals

明尼阿波利斯
湖人队

明尼阿波利斯
湖人队 **2**

芝加哥
牡鹿队 **0**

明尼阿波利斯
湖人队 **2**

韦恩堡
活塞队 **2**

韦恩堡
活塞队 **0**

罗切斯特
皇家队 **0**

明尼阿波利斯
湖人队 **2**

明尼阿波利斯
湖人队 **4**

安德森
包装工队 **2**

三城
黑鹰队 **1**

安德森
包装工队 **2**

安德森
包装工队 **2**

安德森
包装工队 **0**

印第安纳波利斯
奥林匹亚队 **2**

印第安纳波利斯
奥林匹亚队 **1**

希博伊根
红皮队 **1**

中部赛区第一名争夺赛：明尼阿波利斯湖人队1：0罗切斯特皇家队
中部赛区第三名争夺赛：韦恩堡活塞队1：0芝加哥牡鹿队

NBA诞生一年即遭重创，多支球队因经营不善而倒闭，第二个赛季开始时球队数量又回到了11支，三个赛区也相应地被整合成东、西两个赛区。

剩余的11支球队是东部的勇士队、凯尔特人队、尼克斯队、国会队、子弹队和民族队，以及西部的湖人队、皇家队、活塞队、奥林匹亚队和黑鹰队。其中国会队继上赛季失去主帅奥尔巴赫后，这个赛季仅仅打了一半就宣告退出，那时他们的战绩是糟糕的10胜25负。也就是说，NBA成立后的第二个赛季，旗下实际上只有10支球队，解散球队的球员分流到了其他球队，所以，尽管球队数量骤减，但竞争因此变得更为激烈。

除了解散大潮，这个赛季的NBA有许多新鲜事值得铭记：黑人球员开始进入联盟；联盟为了吸引观众，增强轻松娱乐氛围，首次举办了全明星赛；篮板数被纳入技术统计，为三双统计奠定了基础；民族队的多尔夫·谢伊斯成为历史上首个篮板王。

1950年，已是凯尔特人队主教练的奥尔巴赫冒天下之大不韪，突破重重阻力，毅然决然地选择了查克·库珀，后者成为NBA历史上第一位黑人球员。

从BAA诞生之日起，此前球场上从来没有黑皮肤球员，奥尔巴赫的壮举为黑人球员大量涌入联盟并成为主宰打开了一扇窗。当赛季另有两名黑人球员进入联盟，他们分别是国会队的埃尔·罗伊德和尼克斯队的"糖水"内特·克里夫顿，前者成为NBA历史上第一个在正式比赛中出场的黑人球员——当然，这要得益于国会队的赛季揭幕战比其他球

铭记！首办全明星赛
第一个黑人球员

1950—1951

总冠军：**罗切斯特皇家队**

得分王：**乔治·麦肯**（湖人队／1932分）

篮板王：**多尔夫·谢伊斯**（民族队／1080个）

助攻王：**安迪·菲利普**（勇士队／414次）

队提前一天进行，而后者则是NBA历史上第一个和球队完成签约的黑人球员。

说到这一年的奥尔巴赫和凯尔特人队，有一个故事不得不提。大学时代，鲍勃·库西就因开创了篮球场上的视觉盛宴而名声大噪，他于1950年参加了NBA选秀。奥尔巴赫对库西非但不感兴趣，反而轻蔑地说："我要的队员是能赢球的，而不是来哗众取宠的。"库西在第一轮被黑鹰队选中，继而被换到了牡鹿队。孰料牡鹿队倒闭，队员要以抽签的方式被分配到各队。凯尔特人队老板迫切想抽到1947—1948赛季BAA得分王扎斯洛夫斯基，但造化弄人，他手中的纸条上的名字正是"鲍勃·库西"。"我当时几乎要晕倒在地板上。"布朗老板回忆道。先入为主的思维很难改变，奥尔巴赫起初也是极力"打压"库西，尽可能多地压榨后者的出场时间。至于库西后来成为"绿色王朝"的骨干，在此先按下不表。

为了扩大NBA的影响力，1950年底，时任公共事务主管哈斯卡尔·科亨率先提出了举办全明星赛的构想。这一倡议很快即被采纳，1951年3月2日，NBA历史上的首届全明星赛在凯尔特人队主场波士顿花园球馆举行，最终东部明星队以111：94战胜了西部明星队，凯尔特人队前锋爱德·麦考利砍下20分，当选首届全明星赛MVP（Most Valuable Player，最有价值球员奖，也指获得该奖项的球员）。

这个赛季，湖人队理所当然地还是头号夺冠热门，麦肯、波拉德和米克尔森构架起超级豪华的前场，后场则由实力派人物鲍勃·哈里森和斯雷特·马丁担纲。常规赛阶段，湖人队领先皇家队3个胜场称雄西部，44胜24负的成绩还刷新了西部赛区的常规赛纪录。与此同时，勇士队以40胜26负笑傲东部。

事实证明，已经两连冠的湖人队低估了季后赛的难度。尽管在季后赛首轮，湖人队以2：1战胜奥林匹亚队晋级，但这是他们自进入BAA以来第一次在季后赛首轮输球。西部决赛中，湖人队和皇家队再次相遇，与以往不同的是，风水轮流转，这一回终于转到了皇家队。湖人队险胜一场后，皇家队在后场核心鲍勃·戴维斯和中锋艾尔尼·瑞森的率领下连扳三局，昂首杀入总决赛。东部打进总决赛的球队是尼克斯队，他们先后以2：0和3：2淘汰凯尔特人队和民族队，与皇家队会师。

这年的总决赛差点颠覆一条铁律——没有球队能在季后赛0：3落后的情况下最终翻盘。跨过湖人队的皇家队趁热打铁，上来就给了尼克斯队三记闷棍，3：0获得冠军点。令人大跌眼镜的是，命悬一线的尼克斯队竟以牙还牙，也连胜三场，双方进入抢七局。亏得皇家队运气更好，他们在抢七战中以79：75险胜尼克斯队，断了后者上演逆天神话的念想。

这届总决赛注定会被历史铭记，不只是因为这是NBA历史上首次打满七场的总决赛，更重要的是，倘若没有皇家队阻击湖人队，后者将创造炫目至极的六连冠神迹。

1950—1951赛季排名

东部联盟			
排名	球队	胜	负
1	费城勇士队	40	26
2	波士顿凯尔特人队	39	30
3	纽约尼克斯队	36	30
4	锡拉丘兹民族队	32	34
5	巴尔的摩子弹队	24	42
6	华盛顿国会队	10	25
西部联盟			
排名	球队	胜	负
1	明尼阿波利斯湖人队	44	24
2	罗切斯特皇家队	41	27
3	韦恩堡活塞队	32	36
4	印第安纳波利斯奥林匹亚队	31	37
5	三城黑鹰队	25	43

NBA PLAYOFFS

NBA季后赛 对阵表
1950—1951赛季

West   **E**ast

The Finals

罗切斯特皇家队

罗切斯特 皇家队 **2**		纽约 尼克斯队 **2**
	罗切斯特 皇家队 **3**	
韦恩堡 活塞队 **1**		波士顿 凯尔特人队 **0**

罗切斯特皇家队 **4**   纽约尼克斯队 **3**

纽约 尼克斯队 **3**

锡拉丘兹 民族队 **2**

明尼阿波利斯 湖人队 **2**		锡拉丘兹 民族队 **2**
	明尼阿波利斯 湖人队 **1**	
印第安纳波利斯 奥林匹亚队 **1**		费城 勇士队 **0**

尽管湖人队上赛季卫冕失败，但麦肯成为球场上的头号球星却是不争的事实，他已经连续3个赛季加冕得分王了。

这样一来，与麦肯对位的球员基本上形同虚设，任你使出何种防守招数，都免不了被湖人队中锋瓷实地"解封"。为了缓解这一日益严重的问题，NBA联盟首次因为某个球员而修改竞赛规则：禁区由过去的1.83米增加到了3.66米。

麦肯的得分难度有所增加，果然丢掉了得分王头衔。这个赛季，麦肯的场均得分"只有"23.8分，抢走"得分王"的是来自勇士队的保罗·阿里金，场均得分25.4分，总得分1674分。

乔·弗尔克斯是第一个将跳投在实战中推广的球员，但真正的跳投鼻祖却是阿里金。阿里金能成为一代跳投宗师，绝对是意外收获。在维兰诺瓦就读期间，阿里金同时为六七支球队打球，有时候一个晚上要打两场比赛。受到条件制约，阿里金的比赛多是在一些舞厅或者礼堂进行。有一次在舞厅参加比赛，地板非常滑，阿里金总是站不稳，于是他索性跳起来投篮——让双脚离开地面，再也不必担心脚下打滑了。跳得多了，也就成了绝技，勇士队队友将阿里金的跳投称为"新式武器"。得益于跳投这一绝招，阿里金的投篮命中率高达44.8%，如此高效，抢下"得分王"水到渠成。

"我跳的次数越多，投篮也就越准，后来就每次投篮都用跳投。"阿里金

调整！规则限制麦肯
湖人队收失地

总冠军： 明尼阿波利斯湖人队

得分王： 保罗·阿里金（勇士队／1674分）

篮板王： 拉里·福斯特（活塞队／880个）
梅尔·哈特金斯（老鹰队／880个）

助攻王： 安迪·菲利普（勇士队／539次）

回忆说。其实，阿里金不仅有跳投绝技，他的彪悍防守同样值得称道，大家都亲切地叫他"能干的保罗"。毫不夸张地说，阿里金就是原始版的"飞人乔丹"。

阿里金在大学时代就是一个神人，大三时在一场与利文森队的比赛中，他竟然惊人地劈下85分。到了NBA，这种神奇的表现还在延续。1951年12月31日，勇士队和湖人队鏖战3个加时才分出胜负，阿里金累计出场时间达到63分钟，这一铁人纪录差不多过了40年才被迈克尔·乔丹打破。值得一提的是，阿里金还收获了当年全明星赛的MVP，可谓风头出尽——这是阿里金第二次入选全明星赛，他交出13投9中、26分、6个篮板的答卷，率领东部明星队以108：91取胜。

这个赛季，联盟赛程终于趋于完善，所有10支球队都打满了66场常规赛。NBA发展到此时，已经成为天才大学生球员的聚集地，麦肯、阿里金、麦考利、库西都入选了年度最佳阵容第一队，剩下的那个席位被鲍勃·戴维斯和多尔夫·谢伊斯共同占据。

联盟修改规则一定程度上抑制了麦肯的火力，但对兵强马壮的湖人队而言，这种影响没有想象中那么大。尽管在常规赛，皇家队压制住了湖人队，以1个胜场的优势登上西部冠军的宝座。但在西部决赛中，湖人队3：1醋畅复仇，与东部第三的尼克斯队会师总决赛。

总决赛首战，湖人队加时取胜，先拔头筹，尼克斯队随即还以颜色，在第二场中胜出，两队战成1：1。有意思的是，第三场和第四场的比赛地点不是麦迪逊广场花园，而是第69团兵工厂。双方激战6场，仍然难分胜负。但局面显然对湖人队更为有利，因为他们握有主场优势。果不其然，抢七局，湖人队凭借主场之利，82：65大破尼克斯队，时隔一年后再次捧起总冠军奖杯。

尼克斯队连续第二次在总决赛第七战中饮恨，但更倒霉的事情还没来，接下来一个赛季，他们成为NBA历史上第一支连续三个赛季都在总决赛中失意的球队。

1951—1952赛季排名

东部联盟			
排名	球队	胜	负
1	锡拉丘兹民族队	40	26
2	波士顿凯尔特人队	39	27
3	纽约尼克斯队	37	29
4	费城勇士队	33	33
5	巴尔的摩子弹队	20	46

西部联盟			
排名	球队	胜	负
1	罗切斯特皇家队	41	25
2	明尼阿波利斯湖人队	40	26
3	印第安纳波利斯奥林匹亚队	34	32
4	韦恩堡活塞队	29	37
5	密尔沃基老鹰队	17	49

NBA PLAYOFFS

NBA季后赛 对阵表
1951—1952赛季

West   **East**

The Finals

明尼阿波利斯湖人队

明尼阿波利斯湖人队 2
印第安纳波利斯奥林匹亚队 0
　明尼阿波利斯湖人队 3
明尼阿波利斯湖人队 4　　纽约尼克斯队 3

罗切斯特皇家队 2
韦恩堡活塞队 0
　罗切斯特皇家队 1

纽约尼克斯队 3
纽约尼克斯队 2
波士顿凯尔特人队 1

锡拉丘兹民族队 1
锡拉丘兹民族队 2
费城勇士队 1

抱歉，这个赛季NBA的关键词仍然是麦肯和湖人队。

常规赛结束时，湖人队比排在第二名的皇家队多出4个胜场，无可争议地夺回西部老大的王位。联盟的打压措施看上去收到了成效，麦肯的场均得分继续下滑，只有20.6分，排在联盟第二。但东方不亮西方亮，麦肯本赛季抢下1007个篮板，首度加冕篮板王。同时，队友米克尔森也日渐成熟，该赛季场均得到15.0分，排在联盟第八位，和麦肯一道跻身联盟"十位最杰出球员"行列。

这一季的总决赛是故人重逢：湖人队vs尼克斯队，东、西部的常规赛冠军会师总决赛，这在NBA历史上还是头一遭。

总决赛率先在明尼阿波利斯打响，客队给了湖人队当头一棒，以96：88赢下第一战。第二战湖人队打得极其艰苦，最终以2分的微弱优势将总比分扳成1：1。

总决赛采用"2-3-2"赛制，这就意味着接下来3场比赛都在尼克斯队主场麦迪逊广场花园进行，局面对湖人队很不利。然而，湖人队到了客场，反而迸发出了超强的战斗力，一鼓作气连胜三场，以4：1的大比分成为NBA历史上第一支成功卫冕的球队（上一次卫冕横跨BAA和NBA）。

三场客场胜利，湖人队有两场比赛取得了压倒性优势，无与伦比的统治力可见一斑。而尼克斯队只能吞下连续三年总决赛都败北的苦果，这在NBA历史上尚属首次，有意思的是，下一支如此不幸的球队正是湖人队。

这个赛季，除了湖人队继续累加冠军次数，令人印象最为深刻的就是无处不在的犯规。据统计，该赛季平均每场

1952—1953

湖人队再卫冕
"绿衫军"崭露头角

总冠军：明尼阿波利斯湖人队

得分王：尼尔·约翰斯顿（勇士队/1564分）

篮板王：乔治·麦肯（湖人队/1007个）

助攻王：鲍勃·库西（凯尔特人队/547次）

最佳新秀：唐·曼尼克（活塞队）

比赛的犯规数飙升至惊人的58次，球队的平均罚球次数也创造了NBA纪录。

犯规偏多的一个极致表现是，凯尔特人队的控卫鲍勃·库西在一场比赛中竟然博得了32次罚球，命中了30次，全场比赛砍下了50分。库西创造的单场比赛32次罚球纪录，至今仍无人能破。这场比赛发生在季后赛中，由凯尔特人队对阵民族队。两队携手奉上107次犯规，制造了130次罚球，粗野程度不难想象。当然，犯规次数和罚球次数如此之多，也与超越常规的比赛时间有关。是役，两队生生打了4个加时，缠斗3小时11分钟，才以凯尔特人队111∶105取胜收尾。总计216分的得分在今天看来不足为奇，但在季后赛鏖战4个加时的场面却颇难重现，因此，这场"马拉松"战役被后人命名为"无法复制的持久战"。

尽管凯尔特人队最终未能突破尼克斯队，但一个不争的事实是，"绿衫军"已经越来越成熟，46胜是当时的球队纪录。尤其是缔造罚球纪录的库西，这个花哨的控卫让奥尔巴赫看到了他实用高效的一面，1952年入选最佳阵容第一队后，信心陡增的库西在这个赛季井喷般爆发，以赛季547次助攻首获"助攻王"，就此拉开了他对这一殊荣长达8个赛季的垄断。

回到那场"无法复制的持久战"：这场比赛库西是带伤作战，他在常规时间就取得25分，并在最后1秒钟用罚球将比分扳成77平。第1个加时，凯尔特人队一共得到9分，库西包揽其中6分。第2个加时，全队得到4分，全部来自库西，这其中还包括这个加时结束前3秒的7.6米跳投。第3个加时，凯尔特人队99∶104落后的时候，库西再次挺身而出，连砍5分，为球队取胜立下汗马功劳。最终，凭借库西帝王级的演出，凯尔特人队再胜民族队，2∶0横扫晋级。由此不难看出，库西不但拥有出神入化的传球手法、骇人的攻击火力，还有超强的心理承受能力。因此，他日后成为"绿衫军"王朝的"心脏"不足为怪。

除了库西，凯尔特人队的另一名后卫也峥嵘初显，他就是"红衣主教"用选秀权换来的比尔·沙曼。这是沙曼的第二个赛季，他成熟的速度令人惊讶：该赛季他罚球命中率高居联盟之首（85.0%），中投命中率居联盟第四（43.6%），得分榜位列第六（总得分1147分，场均16.2分）。两名超级后卫携手惊艳联盟，可以看成是日后凯尔特人队建立王朝的前奏。

另外需要提及的是，上赛季的得分王阿里金因为服兵役而缺席了这个赛季，好在肥水不流外人田，得分王桂冠被他的勇士队队友尼尔·约翰斯顿笑纳。

1952—1953赛季排名

东部联盟			
排名	球队	胜	负
1	纽约尼克斯队	47	23
2	锡拉丘兹民族队	47	24
3	波士顿凯尔特人队	46	25
4	巴尔的摩子弹队	16	54
5	费城勇士队	12	57

西部联盟			
排名	球队	胜	负
1	明尼阿波利斯湖人队	48	22
2	罗切斯特皇家队	44	26
3	韦恩堡活塞队	36	33
4	印第安纳波利斯奥林匹亚队	28	43
5	密尔沃基老鹰队	27	44

NBA PLAYOFFS

NBA季后赛 对阵表
1952—1953赛季

West   East

明尼阿波利斯湖人队 2
印第安纳波利斯奥林匹亚队 0
明尼阿波利斯湖人队 3

The Finals
明尼阿波利斯湖人队

明尼阿波利斯湖人队 4 — 纽约尼克斯队 1

韦恩堡活塞队 2
罗切斯特皇家队 1
韦恩堡活塞队 2

纽约尼克斯队 3
纽约尼克斯队 2
巴尔的摩子弹队 0

波士顿凯尔特人队 1

波士顿凯尔特人队 2
锡拉丘兹民族队 0

NBA的发展壮大是一个循序渐进的过程，其间免不了要走些岔道弯路，甚至会发生一些令人感到荒唐的事情。为了减少犯规次数、提高比赛的观赏性和流畅度，该赛季联盟出台了一项怪异的新规则：一名球员单节的犯规上限是2次，如果领到第3次犯规，就只能待在板凳上度过本节剩余时间。这条规则的出台收到一定成效，1952—1953赛季的场均犯规次数下降到了51次，但到了最后关头，比赛还是不可避免地成为罚球大战。

NBA发展到这个阶段，已经趋于稳定，但该赛季还是有一支球队退出了历史舞台，这就是印第安纳波利斯奥林匹亚队。如此一来，西部联盟只剩下了4支球队。

年事渐高，膝伤缠身，"巨无霸"麦肯进入了职业生涯的暮年。昆德拉教练不忍心过度透支这头"老黄牛"，另外也有为季后赛保存实力的考虑，他开始有意识地限制麦肯的出场时间。尽管如此，麦肯依然能交出场均18.1分、14.3个篮板的鲜亮答卷。除此之外，湖人队还签下了一名潜质无限的新秀：身高2.06米、毕业于堪萨斯大学、绰号"情书"的克莱德·拉弗莱特。"情书"的加盟，一定程度上缓解了麦肯在防守端的压力，使他可以全身心地投入到进攻当中去。麦肯的衰老对湖人队的影响并不大，这支冠军之师以创纪录的46胜26负收官常规赛。

该赛季季后赛的赛制发生了变化，分区前三名要先打小循环来决出前

1953—1954

王朝！首个三连冠
湖人队上演征服

总冠军：明尼阿波利斯湖人队

得分王：尼尔·约翰斯顿（勇士队/1759分）

篮板王：哈里·加兰丁（尼克斯队/1098个）

助攻王：鲍勃·库西（凯尔特人队/518次）

最佳新秀：雷蒙德·弗里克斯（子弹队）

两名，前两名再角逐分区冠军。东部出线的是凯尔特人队和民族队，西部则是湖人队和皇家队。这是湖人队和皇家队死磕的最后一个赛季，结果依旧：西部决赛中，湖人队碾过皇家队的"尸体"，昂首挺进总决赛。不过，湖人队的总决赛对手并不是此前连续三次杀进总决赛的尼克斯队，他们在东区小循环赛中就被淘汰了——谢天谢地，尼克斯队避免了连续四次进军总决赛却都无功而返的噩运。另外一个战场上，民族队淘汰尚在崛起之路上的凯尔特人队，跻身总决赛。

总决赛率先在湖人队的主场打响。湖人队波澜不惊赢得开门红，但第二战民族队以2分的优势险胜——大比分1∶1，这是7年来湖人队在季后赛中首次主场沦陷。根据"2-3-2"的赛制，接下来的三场比赛在民族队主场进行，湖人队这三场比赛2胜1负。总比分3∶2，湖人队带着赛点回到主场。殊不知民族队极其顽强，第六战再次以2分险胜。不过姜还是老的辣，抢七局中，湖人队的总冠军经验起了作用，以87∶80结束战斗。

三连冠，六年五冠，包揽了NBA成立五年来的四个总冠军，历史上首个王朝——湖人王朝——宣告诞生。但残忍的是，虽然湖人队在这个赛季达到了顶峰，但王朝建立后，他们便光速坠落，空留一个王朝的背影。

昆德拉教练并未因率湖人队六年五次夺冠而收获一致赞誉，恰恰相反，坊间业界流行的论调是：有麦肯、波拉德、米克尔森等精兵悍将，所谓主教练不过是个摆设，换成谁都可获此成就。为此，凯尔特人队主帅奥尔巴赫站出来替同行开脱："我见过许多伟大的球队，但那只是纸面上的伟大，他们什么也没得到。当然昆德拉也有一支伟大的球队，但是他和他的球队做了一些伟大的事情。"

这个赛季，阿里金仍在服兵役，其勇士队队友尼尔·约翰斯顿蝉联得分王。凯尔特人队的黄金后场搭档持续惊艳，鲍勃·库西以赛季518次助攻蝉联助攻王，场均得分高达19.2分，比尔·沙曼场均交出16.0分之余，继续霸占罚球命中率第一（84.4%）的王座，而且45.0%的中投命中率也攀升到了联盟第二，排在前面的是其队友爱德·麦考利。

1953—1954赛季排名

东部联盟			
排名	球队	胜	负
1	纽约尼克斯队	44	28
2	锡拉丘兹民族队	42	30
3	波士顿凯尔特人队	42	30
4	费城勇士队	29	43
5	巴尔的摩子弹队	16	56
西部联盟			
排名	球队	胜	负
1	明尼阿波利斯湖人队	46	26
2	罗切斯特皇家队	44	28
3	韦恩堡活塞队	40	32
4	密尔沃基老鹰队	21	51

NBA PLAYOFFS

NBA季后赛 对阵表
1953—1954赛季

West   **East**

The Finals

明尼阿波利斯湖人队

明尼阿波利斯
湖人队 **2**

罗切斯特
皇家队 **1**

明尼阿波利斯
湖人队 **4**

锡拉丘兹
民族队 **3**

锡拉丘兹
民族队 **2**

波士顿
凯尔特人队 **0**

NBA头5个赛季，困扰高层的最大问题是比赛观赏性不够。尽管设立全明星赛可以提高娱乐性和观众的参与度，但比赛节奏拖沓缓慢的问题却一直未能解决。

最极端的例子发生在1950年11月22日，活塞队vs湖人队，那场比赛的比分竟然是惨不忍睹的19：18。第一节活塞队8：7领先，半场结束时湖人队13：11反超。下半场更加丑陋，活塞队为了限制麦肯的威力、拖慢比赛节奏，到了无所不用其极的地步。最后8分钟，湖人队18：17领先，然而此时的活塞队表现得有些消极丑陋，他们的策略很明确，就是一直控制到最后时刻才去投制胜一球。比赛还剩下10秒钟，活塞队中锋拉里·福斯特晃过麦肯，一击致命，以19：18的超低比分战胜了湖人队。比赛过程当中，忍无可忍的观众纷纷将手中的杂物扔向场内，场面混乱不堪。

本赛季，这个问题终于得到解决，民族队老板丹尼·比亚松提出，应该将24秒进攻规则引入比赛，加快比赛节奏。这一倡议被采纳后，比赛节奏瞬间加快，联盟球队的场均得分由79.5分飙升至93.1分。不过，球员的个人得分变化不大，因为24秒规则使得比赛强度陡然加大，分享球权成了必然选择。这个赛季，勇士队的尼尔·约翰斯顿以总分1631分连续第三次成为得分王。

所谓无巧不成书，24秒进攻规则由民族队老板提出，而那个赛季最终夺冠的也正是民族队。

由于巴尔的摩子弹队解散，该赛

告别！麦肯退役
回首最激烈总决赛

1954—1955

总冠军：锡拉丘兹民族队

得分王：尼尔·约翰斯顿（勇士队/1631分）

篮板王：尼尔·约翰斯顿（勇士队/1085个）

助攻王：鲍勃·库西（凯尔特人队/557次）

最佳新秀：鲍勃·佩蒂特（老鹰队）

季NBA只剩下8支球队，每个赛区的前三名进入季后赛。民族队的核心多尔夫·谢伊斯本赛季表现抢眼，他的场均得分（18.5分）、篮板（12.3个）和罚球命中率分列联盟第六、第四和第三。常规赛民族队43胜29负排在联盟第一，季后赛也是一片坦途，与活塞队在总决赛中相遇。这是一场堪称经典的总决赛：两队战满7场，没有一场比赛的分差超过7分。抢七局还剩最后12秒钟时，乔治·金造成活塞队犯规，2罚1中帮助民族队以92∶91领先，随后他又抢断对方发出的界外球，直接为锡拉丘兹带来截至当时这个城市历史上唯一的总冠军奖杯。

除了24秒进攻规则，这个赛季的另外一项规则是限定球队单节犯规6次（满6次后每次犯规都会被判处由对方执行罚球）。很显然，两项新规则的出台都对湖人队很不利，因为他们的攻防围绕大中锋麦肯展开。唯一的疑问在于：这种影响会有多大？不过这个问题已经永远不会有答案了，麦肯在赛季之前已经宣布退役，摇身一变成了湖人队的总经理。

麦肯隐退后，湖人队的内线重担落到了"二年级生"拉弗莱特肩上。这个赛季，"情书"场均贡献18.7分、11.5个篮板，但他的能力终究与麦肯相差不少，湖人队常规赛40胜32负列西部第二，闯过季后赛首轮后，在西部决赛中负于活塞队，四年来首度无缘总决赛。

惨烈的斯杀之外，这个赛季也发生了一个有趣的故事：赛季中途，活塞队宣布聘请查理·埃克曼成为球队新任主教练。令舆论哗然的是，埃克曼此前的工作是篮球裁判。好在埃克曼没闹出笑话，反而书写了一段佳话：他率领的活塞队在常规赛取得了43胜，胜率高居西部第一，并一路高歌杀进了总决赛。

NBA建立初期，没有执教经验的主教练并不新鲜，可由裁判"跨界"至主教练，在历史上却是凤毛麟角。

1954—1955赛季排名

东部联盟			
排名	球队	胜	负
1	锡拉丘兹民族队	43	29
2	纽约尼克斯队	38	34
3	波士顿凯尔特人队	36	36
4	费城勇士队	33	39
5	巴尔的摩子弹队	33	11

1954年11月27日宣布解散

西部联盟			
排名	球队	胜	负
1	韦恩堡活塞队	43	29
2	明尼阿波利斯湖人队	40	32
3	罗切斯特皇家队	29	43
4	密尔沃基老鹰队	26	46

NBA PLAYOFFS

NBA季后赛 对阵表
1954—1955赛季

West   East

The Finals

锡拉丘兹民族队

| 明尼阿波利斯湖人队 2 | | 韦恩堡活塞队 3 | | 锡拉丘兹民族队 | 锡拉丘兹民族队 3 | | 波士顿凯尔特人队 2 |
| 罗切斯特皇家队 1 | 明尼阿波利斯湖人队 1 | 韦恩堡活塞队 3 | 民族队 4 | 波士顿凯尔特人队 1 | 纽约尼克斯队 1 |

继设立年度最佳新秀奖之后，联盟又于这个赛季首度推出常规赛MVP奖项。

NBA历史上首个常规赛MVP是鲍勃·佩蒂特。之前一个赛季，老鹰队的战绩只有可怜的26胜46负。休赛期，老板将球队搬到了圣路易斯。来到新的城市后，老鹰队的战绩有所提升，多赢了7场比赛。毋庸置疑，球队的进步应该归功于佩蒂特的飞速成长。这个赛季，佩蒂特场均轰下25.7分，总分1849分，结束了湖人队和勇士队对得分王长达7年的垄断（麦肯3次，阿里金和约翰斯顿共4次）。另外，他还以1164个总篮板数获得篮板王，成为NBA历史上第二位单赛季包揽得分王和篮板王的球员，第一位是勇士队的约翰斯顿。

MVP设立之初，不像今天这般过多考虑球队战绩，佩蒂特获得首届MVP在情理之中。值得一提的是，佩蒂特还获得了1956年全明星赛MVP，那场比赛他砍下20分、24个篮板，还送出了7次助攻。

双拳难敌四手，佩蒂特个人的风光拯救不了老鹰队，但倘若一支球队同时拥有两名超级球星呢？勇士队的阿里金和约翰斯顿给出了答案。

之前的4个赛季，勇士队的这两名悍将瓜分了全部得分王，而这个赛季他们让出了这个头衔，球队却变得更为强大。究其原因，阿里金和约翰斯顿不但保持了较高水准，还身先士卒将球队捏合成了一个整体。约翰斯顿坐镇篮下，阿里金统领后场，光是他们两个，场均就能轰下46.3分，另外乔·格拉博斯基和沃尔

合作！两大巨星联手助勇士队夺冠

1955—1956

总冠军： 费城勇士队

得分王： **鲍勃·佩蒂特**（老鹰队/1849分）

篮板王： **鲍勃·佩蒂特**（老鹰队/1164个）

助攻王： **鲍勃·库西**（凯尔特人队/642次）

最有价值球员： **鲍勃·佩蒂特**（老鹰队）

最佳新秀： **莫里斯·斯托克斯**（皇家队）

特·戴维斯联手锋线，新秀汤姆·格拉摇摆于锋卫间。这支球队年龄结构合理，内外兼修，攻守平衡，实力空前强大。

常规赛，勇士队以45胜豪取东部第一，东部决赛中3：2斩落民族队后，在总决赛中4：1轻松战胜活塞队，继1947年夺得BAA首个冠军后，又一次站在了最高领奖台上。"跳投鼻祖"阿里金在季后赛中如有神助，10场比赛劈下289分，这一数据仅次于NBA历史上首个巨星麦肯。

与新规则磨合了一年后，NBA在这个赛季迎来一个小高潮，球队的场均得分达到创纪录的99分。盛世繁华之下，越发衬托出湖人队的落寞。麦肯退役后，湖人队在这个赛季再遭重创，效忠球队8年之久的吉姆·波拉德也隐退。湖人队的老龄化问题集中爆发，状态不错的斯雷特·马丁——该赛季他场均贡献6.2次助攻，罚球命中率为83.3%，两项数据都排进了联盟前十——也已经30岁了。26岁的"情书"拉弗莱特成了湖人队的首席球星，他场均能砍下21.5分、14个篮板，两项数据分列联盟第四和第三。实力退化严重的湖人队陷入泥潭，无奈之下他们只能说服麦肯复出。但老麦肯难复当年之勇，出战37场比赛，场均只得到10.5分、8.3个篮板。昔日"三驾马车"之一的米克尔森也到了英雄迟暮的时候，连续两年犯规数位列联盟之首。

常规赛结束，湖人队的账面上只有33胜39负，队史上胜率首次跌破50%。季后赛首轮湖人队曾在第二战中狂胜老鹰队58分，但这不过是最后的余晖，他们已经不再是联盟的主角了。

即将闪耀历史舞台的凯尔特人队仍在经历个人与团队战绩的背道而驰。鲍勃·库西牢牢把持着助攻王，比尔·沙曼则有如下战绩：86.7%的罚球命中率无人可比，43.8%的投篮命中率列全联盟第五，场均19.9分排在联盟第六。表现如此全面，他也终于等来了官方认可：和库西、佩蒂特、阿里金以及约翰斯顿等人一起入选了常规赛最佳阵容。除了后场双枪，爱德·麦考利的场均得分也能排进联盟前十。同时有三名球员场均得分排名前十，可以想象凯尔特人队的攻击力有多么骇人，但那时候他们不太会防守，场均得分笑傲联盟的同时，场均失分也是联盟最多。常规赛取得了39胜33负后，凯尔特人在季后赛首轮被民族队淘汰，草草收场。

但任谁也不会想到，属于凯尔特人队的荣耀正在慢慢到来。

1955—1956赛季排名

东部联盟			
排名	球队	胜	负
1	费城勇士队	45	27
2	波士顿凯尔特人队	39	33
3	锡拉丘兹民族队	35	37
4	纽约尼克斯队	35	37
西部联盟			
排名	球队	胜	负
1	韦恩堡活塞队	37	35
2	明尼阿波利斯湖人队	33	39
3	圣路易斯老鹰队	33	39
4	罗切斯特皇家队	31	41

NBA PLAYOFFS

NBA季后赛 对阵表
1955—1956赛季

West   **E**ast

The Finals

费城勇士队

West 区域：

圣路易斯老鹰队 **2**
明尼阿波利斯湖人队 **1**
　→ 圣路易斯老鹰队 **2**

韦恩堡活塞队 **3**
圣路易斯老鹰队 **2**
　→ 韦恩堡活塞队 **1**

韦恩堡活塞队 **1** ── 费城勇士队 **4**

East 区域：

费城勇士队 **3**
锡拉丘兹民族队 **2**

锡拉丘兹民族队 **2**
波士顿凯尔特人队 **1**
　→ 锡拉丘兹民族队 **2**

第二章

统治超群，『绿衫时代』

从这个赛季开始，凯尔特人队揭开了13年11冠的恢宏篇章。

历史的进程从1956年的选秀开始。凯尔特人队的进攻已然足够好，但防守却不是一般的差，所以"绿衫军"这年选秀的首要目标是吸纳防守人才，争取彻底和"一条腿走路"的岁月说再见。选秀前夕，凯尔特人队做了一个被事实证明是无比英明的决定，他们行使了"地区选秀权"（指球队可以放弃自己的首轮选秀权来换取本地大学的一名参选球员），签下了身高2米、攻防俱佳的前锋汤姆·海因索恩。

好戏还在后面，眼光毒辣、魄力非凡的奥尔巴赫用爱德·麦考利和克里夫·哈甘从老鹰队那里换来了榜眼签，

签下了来自圣弗朗西斯科大学的传奇中锋比尔·拉塞尔。值得注意的是，"红衣主教"还在第二轮挑中了K.C.琼斯，只是后者因为要服兵役，两年后才能披上"绿衫军"战袍。

鲍勃·库西、比尔·沙曼、比尔·拉塞尔、汤姆·海因索恩、吉姆·卢斯卡特奥夫、弗兰克·拉姆西……至此，美国职业体育史上最具传奇色彩的王朝球队的骨架已然有了雏形。

赛季开始后，拉塞尔因为要随美国国家队参加在墨尔本举办的奥运会，不得不延迟入队的时间。奥尔巴赫为此特招了一帮"老戏骨"，他们分别是34岁的后卫安迪·菲利普、32岁的中锋埃尔尼·瑞森和30岁的前锋杰克·尼

动魄！史诗级决赛 "绿衫军"首夺冠

1956—1957

总冠军：**波士顿凯尔特人队**

得分王：**保罗·阿里金**（勇士队/1817分）

篮板王：**莫里斯·斯托克斯**（皇家队/1256个）

助攻王：**鲍勃·库西**（凯尔特人队/478次）

最有价值球员：**鲍勃·库西**（凯尔特人队）

最佳新秀：**汤姆·海因索恩**（凯尔特人队）

科尔斯。当拉塞尔在12月22日正式入队时，凯尔特人队已经取得了16胜8负的好成绩。

库西和沙曼上演着熟悉的戏码，前者继续垄断助攻王，场均贡献21.1分，荣膺常规赛MVP，后者场均砍下20.6分。海因索恩凭借场均16.2分、9.8个篮板的亮眼数据当选年度最佳新秀，卢斯卡特奥夫也能场均贡献10.4个篮板……尤其是拉塞尔，他对凯尔特人队比赛模式的改变是颠覆性的，这是场均14.7分、19.6个篮板的数据根本无法体现的。拉塞尔极大地改善了球队的防守质量，他抓下篮板后直传库西，再由后者驱导快攻，这甚至成了球队固有的进攻套路。

几乎是一夜间，凯尔特人队成了联盟最强的球队，没有之一。

常规赛，凯尔特人队豪取联盟最佳的44胜28负，甩开了第二名民族队足足6个胜场。季后赛3：0横扫民族队后，凯尔特人队高调挺进总决赛，对手是老鹰队。

说来颇有意思，正是老鹰队让出榜眼签成就了凯尔特人队，但他们实际上也没吃亏，因为交换而来的爱德·麦考利和克里夫·哈甘也成了他们杀进总决赛的大功臣——那笔买卖可以说是双

赢。鲜为人知的是，其实比尔·沙曼也出自老鹰队。

这个赛季，老鹰队进行了大规模的重组，除了换来麦考利和哈甘，还吸纳了湖人队功勋后卫斯雷特·马丁以及亚历克斯·汉纳姆。老鹰队在这个赛季更换了三次主教练，汉纳姆作为球员兼任教练后，球队成绩有明显起色。常规赛结束时老鹰队的战绩是34胜38负，由于西区整体实力羸弱，这足以保证他们杀进季后赛。西部决赛中，老鹰队干净利落地以3：0横扫湖人队，跻身总决赛。

舆论普遍认为老鹰队不可能给空前强大的凯尔特人队制造任何威胁。然而事实绝非如此，首战老鹰队就给了"绿衫军"一个下马威，鏖战两个加时后以125：123取胜。凯尔特人队立马扳回一城，随后两队各胜一场，总比分打成2：2。

第五战凯尔特人队以124：109获胜，两个晚上之后，哈甘在比赛最后1秒钟将佩蒂特的投篮补进，给了旧主夺命一刀，两方战至3：3，比赛被迫进入抢七。

第七战是NBA总决赛历史上的名局之一。比赛在星期六下午进行，而且首次进行了全国电视直播，无数观众亲眼

见证了这一历史性的鏖战。从第1秒钟开始，双方就呈现绞杀态势，比分咬得很紧，紧张的空气令人窒息。凯尔特人队屡屡取得微弱领先，但坚韧的老鹰队又总能扳平。常规时间快结束时，佩蒂特用两个精准罚球将比赛拖进加时。

首个加时，戏码不变，还是缠斗，科尔曼拯救了老鹰队，将"绿衫军"拖入第二个加时。第二个加时的最后几秒钟，卢斯卡特奥夫的罚球使凯尔特人队取得2分领先，佩蒂特在铃响之前仓促出手，可惜投出的是个"三不沾"，老鹰队123：125功亏一篑。凯尔特人队的两个菜鸟成为胜负手，拉塞尔砍下19分、32个篮板，海因索恩则轰下37分、23个篮板。当然，错失最后一投的佩蒂特也应收获掌声，是役，他独取39分、19个篮板，季后赛的场均数据是恐怖的29.8分、16.8个篮板——倘若没有佩蒂特，老鹰队根本不可能支撑7场。

这是凯尔特人队的首个总冠军，夺冠后奥尔巴赫激动地说："第一个（冠军）永远是最难的，也是最让人满意的。无论我走到哪里，我都会告诉自己，现在我是世界冠军的教头了。"彼时的"红衣主教"肯定没有想到：他的球队会拿冠军拿到手抽筋。

1956—1957赛季排名

东部联盟			
排名	球队	胜	负
1	波士顿凯尔特人队	44	28
2	锡拉丘兹民族队	38	34
3	费城勇士队	37	35
4	纽约尼克斯队	36	36
西部联盟			
排名	球队	胜	负
1	圣路易斯老鹰队	34	38
2	明尼阿波利斯湖人队	34	38
3	韦恩堡活塞队	34	38
4	罗切斯特皇家队	31	41

NBA PLAYOFFS

NBA季后赛 对阵表
1956—1957赛季

该赛季有两支球队完成迁址，活塞队搬到了"汽车城"底特律，皇家队则开始了漫长的迁徙旅程，他们的第一站是辛辛那提。这也标志着NBA正在大幅扩充地理版图。仅仅3年之前，联盟一半球队所在的城市人口不足百万，而到了这个赛季，这样的球队只剩下锡拉丘兹民族队。

迁至充满工业气味的底特律后，活塞队球迷迎来了属于他们的得分王：场均砍下27.8分的乔治·亚德利，另外他还是NBA历史上第一个常规赛单赛季得分突破2000分大关（2001分）的球员。但是，这些都冲淡不了这个赛季的主题：老鹰队vs凯尔特人队。

上赛季的总决赛球队——凯尔特人队和老鹰队——这个赛季依然是表现最好的两支球队，他们在常规赛中分别获得赛区最多的49胜和41胜，都比第二名多赢了8场球。

花开两朵，各表一枝。

夺得队史首冠后，凯尔特人队有一发不可收之势。这是比尔·拉塞尔的第一个完整赛季，小试牛刀后，他在这个赛季完全"入戏"，成为无人可撼动的禁区霸王，场均抢下27.7个篮板，以赛季1564个篮板加冕篮板王，另外还有16.6分入账，首次加冕常规赛MVP。得益于拉塞尔在内线的强大威慑力，队友们能肆无忌惮地施展赌博式防守。高质量的防守反过来也能拉动进攻，在标志性陷阱防守的帮助下，凯尔特人队的进攻变得更加犀利。库西锁住助攻王，沙曼连

成功复仇！老鹰队夺冠
神话来临之前

1957—1958

总冠军：圣路易斯老鹰队

得分王：乔治·亚德利（活塞队/2001分）

篮板王：比尔·拉塞尔（凯尔特人队/1564个）

助攻王：鲍勃·库西（凯尔特人队/463次）

最有价值球员：比尔·拉塞尔（凯尔特人队）

最佳新秀：伍迪·索德斯布里（勇士队）

续三个赛季成为球队得分王，场均22.3分高居联盟第六，中投命中率是42.4%。唯一遗憾的是，沙曼对罚球命中率榜单的垄断被打破，这个赛季他以89.3%屈居第二，排在他前面的是民族队的多尔夫·谢伊斯，他的罚球命中率为90.4%。内外合力，无缝交融，凯尔特人队豪取49胜，刷新联盟胜场纪录。

饮恨总决赛后，老鹰队卷土重来。尤其是佩蒂特，他在这个赛季场均斩落24.6分、17.4个篮板，还凭借28分、26个篮板的大号"两双"赢得全明星赛MVP，最终老鹰队以西部最好的41胜收官常规赛。

从该赛季开始，分区决赛由原来的5场3胜制改为7场4胜制，老鹰队和凯尔特人队以相同的4:1比分分别击败活塞队和勇士队，时隔一年后重逢于总决赛。

总决赛率先在波士顿开打，前两场双方平分秋色，各胜一场。天有不测风云，第三战拉塞尔扭伤脚踝，成全了老鹰队一场胜利。第四战，拉塞尔缺席，但凯尔特人队却在客场顽强地将大比分扳成2:2。

看上去，一切都和一年前一样。但总决赛在打了4场之后拐了弯，运气彻底拐向了复仇者老鹰队。第五战，老鹰队以102:100险胜。第六战，佩蒂特如同天神附体，前三节掠下31分，末节更是犹如"天外飞仙"，独取老鹰队21分中的19分，最终硬生生劈下了50分，一下子将乔·弗尔克斯1947年创造的总决赛单场得分纪录提升了13分，老鹰队以110:109险胜，从而以4:2的总比分复仇成功，登上了联盟之巅。

GAME OVER，奥尔巴赫的雪茄熄灭，"绿衫军"更衣室里响起"红衣主教"的咒骂声。50分之夜，身高2.06米、体重97.6千克的佩蒂特幻化成了神，提供了"最好的个人击败最好的团队"的生动案例。

佩蒂特和老鹰队4次在总决赛中遭遇凯尔特人队，这是唯一取胜的一次。这不但是老鹰队球队历史上唯一的总冠军，也是佩蒂特辉煌职业生涯中仅有的一次总冠军。老鹰队此番夺冠在历史长河中还有更深远的含义：（1）他们成了最勇敢的狙击者，否则凯尔特人队将开创更为玄幻的十连冠伟业。（2）洋洋七十多年NBA史，老鹰队首开上一年总决赛失意一方隔年逆袭成功的先河。（3）沙曼和拉塞尔并肩作战5年，只有这次没有获得总冠军。

当然你也可以这么认为：凯尔特人队失手，是八连冠神话降临凡间之前的小插曲。

1957—1958赛季排名

东部联盟			
排名	球队	胜	负
1	波士顿凯尔特人队	49	23
2	锡拉丘兹民族队	41	31
3	费城勇士队	37	35
4	纽约尼克斯队	35	37

西部联盟			
排名	球队	胜	负
1	圣路易斯老鹰队	41	31
2	底特律活塞队	33	39
3	辛辛那提皇家队	33	39
4	明尼阿波利斯湖人队	19	53

NBA PLAYOFFS

NBA季后赛 对阵表
1957—1958赛季

West   **E**ast

The Finals

圣路易斯老鹰队

West					East
圣路易斯老鹰队 4		波士顿凯尔特人队 4
底特律活塞队 2	圣路易斯老鹰队 4	波士顿凯尔特人队 2	费城勇士队 2
辛辛那提皇家队 0	底特律活塞队 1	费城勇士队 1	锡拉丘兹民族队 1

故事还得从1957—1958赛季说起。

对于湖人队而言，这是堪称噩梦的一个赛季。连年沉沦下，麦肯成了救火主教练，可他的执教水平显然没有打球好，在任期间，湖人队的战绩只有惨不忍睹的9胜30负，最终麦肯黯然下课。万般无奈，湖人队高层只得说服约翰·昆德拉重新出山。但事已至此，积重难返，常规赛结束时，湖人队只收获19胜53负，这是湖人队历史上的最差战绩。当然，以现在的眼光看，这个丢人的纪录在湖人队队史上发挥了极其重要的作用，他们因此收获了一个状元签，并在1958年选秀大会上签下了伟大的埃尔金·贝勒。

贝勒身高1.96米，司职小前锋，早在西雅图大学打球时，他就被认为是不世出的篮球天才：纯熟的控运技术、出众的拼抢篮板意识、强烈的得分欲望……最为重要的是，这个身高偏矮的小前锋，似乎有不受地心引力掣肘的魔力，惊人的弹跳力使他成为可以在篮筐之上打球的"飞人鼻祖"。当后人瞪圆了双眼欣赏康尼·霍金斯、朱利叶斯·欧文和迈克尔·乔丹等"飞人"上演空中滑翔时，总会隐约想起贝勒，是他为"飞人系"树立了标杆。

新秀赛季贝勒即震惊联盟，他场均能砍下联盟第四的24.9分，联盟第三的15.0个篮板，以及湖人队最高的4.1次助攻。1959年2月25日湖人队对阵辛辛那提皇家队的比赛中，这个家伙竟飙

霸气！横扫夺冠
"绿衫军"王朝序幕

1958—1959

总冠军：波士顿凯尔特人队

得分王：鲍勃·佩蒂特（老鹰队/2105分）

篮板王：比尔·拉塞尔（凯尔特人队/1612个）

助攻王：鲍勃·库西（凯尔特人队/557次）

最有价值球员：鲍勃·佩蒂特（老鹰队）

最佳新秀：埃尔金·贝勒（湖人队）

043

下了惊世骇俗的55分，这是当时NBA有史以来的单场第三高分，前两位分别是乔·弗尔克斯的63分和乔治·麦肯的61分。贝勒毫无悬念地当选为年度最佳新秀，并成为继鲍勃·佩蒂特和阿历克斯·格罗萨后，历史上第三个以新秀身份入选年度最佳阵容的球员。

贝勒横空出世，湖人队战力大增，常规赛33胜39负，比上赛季多赢了14场，战绩排在老鹰队之后，位列西部第二。

东部赛区，凯尔特人队一枝独秀。上赛季卫冕失败后，"绿衫军"众神归位，四名超级球星重复着相同的故事，库西以赛季557次助攻再获助攻王，拉塞尔则以赛季1612个篮板蝉联篮板王。在此基础上，奥尔巴赫又收获了两个实力增长点，K.C.琼斯服完兵役归来，"二年级生"萨姆·琼斯爆发。老兵新丁，星光耀眼，凯尔特人队已然到了独孤求败的地步，以创历史纪录的52胜20负收官常规赛，比东部第二的尼克斯队多赢了12场球，球队场均出手次数、篮板数、助攻数和得分都高居联盟之首。

几乎所有人都认为，组装完毕的凯尔特人队应该能见佛杀佛，一路凯歌，轻松收拾旧山河。但在东部决赛中，小意外发生了，民族队差点把凯尔特人队拉下马。民族队有从活塞队转来的上届得分王乔治·亚德利，成名甚早的多尔夫·谢伊斯和里德·克里……其实仔细看看民族队的阵容，他们着实不应被小觑。最终，凯尔特人队和民族队绞杀7场，在最后一战中以130：125取胜，有惊无险地杀进总决赛。

西部决赛在湖人队和老鹰队间展开。尽管贝勒的加入令湖人队面貌一新，但没有多少人相信他们能给当赛季得分王佩蒂特带领的老鹰队制造麻烦——常规赛时，老鹰队足足比湖人队多赢了16场球。老鹰队和凯尔特人队连续第三次会师总决赛似乎是天经地义的戏码。前三战，老鹰队顺理成章地以2：1领先，但随后的桥段令人大跌眼镜，在贝勒和米克尔森的率领下，湖人队竟然连取三胜——第四战赢了10分，第五战战至加时，以1分险胜，第六战106：104险胜，以4：2的总比分把西部巨擘拖下水。这个系列赛也被视为以弱克强的经典案例，湖人队结束"麦肯时代"后首进总决赛，而老鹰队连续三年进军总决赛的美梦被无情击碎。

业界至此哑然：总决赛竟然是凯尔特人队vs湖人队？

这种神奇是不可复制的，从以往

战绩看，湖人队和凯尔特人队根本不是同等档次的球队。凯尔特人队是名副其实的湖人队克星，保持着对后者的18连胜。常规赛的一场比赛中，凯尔特人队曾以173∶139血洗湖人队。曲终人散，秩序重归井然，凯尔特人队如同砍瓜切菜，以4∶0横扫湖人队问鼎。

这是NBA总决赛历史上第一次出现横扫的惨烈局面，然而比这更有意思的是，双方决然不会想到，这是一段荣耀与耻辱的开始：于凯尔特人队，他们拉开了震古烁今的八连冠序幕；于湖人队，这是他们前8次与"绿衫军"争夺总冠军，却无一胜绩的开端。

1958—1959赛季排名

东部联盟			
排名	球队	胜	负
1	波士顿凯尔特人队	52	20
2	纽约尼克斯队	40	32
3	锡拉丘兹民族队	35	37
4	费城勇士队	32	40

西部联盟			
排名	球队	胜	负
1	圣路易斯老鹰队	49	23
2	明尼阿波利斯湖人队	33	39
3	底特律活塞队	28	44
4	辛辛那提皇家队	19	53

NBA PLAYOFFS

NBA季后赛 对阵表
1958—1959赛季

West   **E**ast

The Finals

波士顿凯尔特人队

明尼阿波利斯
湖人队 **2**

明尼阿波利斯
湖人队 **4**

底特律
活塞队 **1**

圣路易斯
老鹰队 **2**

明尼阿波利斯
湖人队 **0**   波士顿
凯尔特人队 **4**

波士顿
凯尔特人队 **4**

锡拉丘兹
民族队 **3**

锡拉丘兹
民族队 **2**

纽约
尼克斯队 **0**

当堪萨斯大学的现象级中锋张伯伦决定参加选秀后，所有NBA总经理都茶饭不思，连做梦都想着揽获这块至宝。这种哄抢心态不难理解，因为张伯伦在NCAA（National Collegiate Athletic Association，全国大学体育协会）赛场上的不俗表现根本无法用语言来形容。

彼时NCAA规定大一新生不能直接参加校队，张伯伦只能委身于菜鸟队。愤愤不平的张伯伦终于逮住机会展现球技，在"一年级队"对阵刚刚获得分区冠军的校队的比赛中，他几乎踢烂了师哥的屁股。后来在接受《费城每日新闻》采访时，张伯伦回忆道："我们整场比赛都在用鞭子抽打他们，81：71，我得了40分或者42分，大约抢了30个篮板球。我就是要让那群目中无人的家伙看看，到底我有没有资格进入校队。"NCAA首秀，张伯伦轰下破校史纪录的52分，最终获得了该赛季的MOP（Most Outstanding Player，最杰出球员奖）。创造无数个数字神话后，张伯伦发觉待在大学很没劲，遂决定进入NBA。

NBA有"地区选秀权"一说。按理说，张伯伦根本不适用这一条款，因为堪萨斯城并没有NBA球队。此时费城勇士队老板埃迪·戈塔利布展示了超强的交际能力，他向联盟高层百般游说，称张伯伦是土生土长的费城人，高中时就是费城球迷心中的偶像，而堪萨斯城又没有NBA球队……多方斡旋的结果是，

神人！张伯伦到来
"绿衫军"卫冕

总冠军：波士顿凯尔特人队

得分王：维尔特·张伯伦（勇士队/2707分）

篮板王：维尔特·张伯伦（勇士队/1941个）

助攻王：鲍勃·库西（凯尔特人队/715次）

最有价值球员：维尔特·张伯伦（勇士队）

最佳新秀：维尔特·张伯伦（勇士队）

联盟决定破一次例，允许勇士队用"地区选秀权"特例签下张伯伦——NBA历史上这有这一次把出生地和高中所在地作为"地区选秀权"的考量标准。

费尽周折后，张伯伦终于披上了勇士队的战袍。牛皮不是吹的，张伯伦在NBA处子秀中暴敛43分、28个篮板，就此拉开了激情的菜鸟赛季的序幕。张伯伦在该赛季光是得分50+的比赛就有7场，常规赛场均贡献37.6分、27.0个篮板，两项数据都是联盟最高，此外他还是历史上首位单赛季场均得分突破30分大关的球员。常规赛结束，张伯伦荣膺最佳新秀、常规赛MVP和全明星赛MVP，并入选了年度最佳阵容，成为NBA历史上首个包揽最佳新秀和常规赛MVP的球员——随后的几十年，只有1968—1969赛季的维斯·昂塞尔德完成过这一壮举。

张伯伦的横空出世缓解了大家的审美疲劳，他与拉塞尔的PK（Player Killing，对决）从此成为保留剧目。1959年11月7日，波士顿，张伯伦vs拉塞尔第1集上演。那一天，波士顿下起了瓢泼大雨，为巨人对话营造出了足够的江湖氛围，门票早就被一抢而光，大家早就迫不及待想看看"神仙打架"的桥段了。

结果，拉塞尔用统治级的防守占得了上风，自己砍下了22分、35个篮板，而张伯伦只有39投12中，得到30分、28个篮板。只从数据看，张伯伦不落下风，甚至更为风光，但拉塞尔显然效率更高，而且他的帮手更为靠谱，球队更为强大。那场比赛，凯尔特人队115∶106击败勇士队——这成了两人对话的主基调，张伯伦往往能拿到更出色的数据，但大多数情况下，赢得胜利的是拉塞尔。该赛季季后赛，凯尔特人队与勇士队再次遭遇，进一步印证了这种论断。

常规赛，凯尔特人队依然无坚不摧，"首发五虎"鲍勃·库西、比尔·沙曼、弗兰克·拉姆西、汤姆·海因索恩和比尔·拉塞尔，场均得分都在15分以上，替补席上的K.C.琼斯、萨姆·琼斯等人提供延续战力，"绿衫军"一度取得17连胜，最终以10场的优势高居东部榜首。东部第二正是张伯伦率领的勇士队，他们的战绩由上赛季的32胜40负飙升至49胜26负。

东部决赛中，拉塞尔和张伯伦遭遇。正像他们的首次对决那样，张伯伦过足了数据瘾，总得分胜出81分，但他从队友那里得到的支援极其有限，拉塞尔笑到了最后，凯尔特人队以4∶2淘汰勇士队，闯入总决赛。

冲出西部的是老鹰队。老鹰队常规赛战绩是46胜29负，比排名第二的活塞队多赢了16场，他们以4∶3险胜湖人队后，四年来第三次在总决赛中与凯尔特人队相遇。

总决赛前四战，这对冤家战成2∶2。第五战，凯尔特人队以25分之差狂屠老鹰队。老鹰队不屈不挠，第六战以3分优势将总比分扳平。第七战属于拉塞尔，他取下22分，狂抓35个篮板，库西和拉姆西也分别奉上19分、14次助攻和24分、13个篮板。凯尔特人队122∶103拿下抢七局，卫冕成功。

在此不得不提一下湖人队。埃尔金·贝勒的加盟让积弱不振的湖人队看到崛起的曙光。这个赛季，贝勒炫目依然，场均贡献29.6分、16.4个篮板。但湖人队却在常规赛坠入泥潭，主帅约翰·昆德拉背了黑锅，黯然下课，贝勒大学时的恩师约翰·卡斯特莱纳接任。

卡斯特莱纳并未成为救世主，他执教期间，湖人队的战绩只有11胜25负。随后前功勋球员吉姆·波拉德顶班，最终湖人队的常规赛战绩为25胜50负，在西部只比皇家队的19胜56负略好。

季后赛中湖人队突然雄起，在西部半决赛中淘汰了活塞队。西部决赛中，湖人队一度取得3∶2的领先，只可惜被更为老辣的老鹰队连胜两场，错失连续两年进军总决赛的大好机会。

1959—1960赛季排名

东部联盟			
排名	球队	胜	负
1	波士顿凯尔特人队	59	16
2	费城勇士队	49	26
3	锡拉丘兹民族队	45	30
4	纽约尼克斯队	27	48
西部联盟			
排名	球队	胜	负
1	圣路易斯老鹰队	46	29
2	底特律活塞队	30	45
3	明尼阿波利斯湖人队	25	50
4	辛辛那提皇家队	19	56

NBA PLAYOFFS

NBA季后赛 对阵表
1959—1960赛季

West   East

The Finals

波士顿凯尔特人队

明尼阿波利斯湖人队 2

底特律活塞队 0

圣路易斯老鹰队 4

明尼阿波利斯湖人队 3

圣路易斯老鹰队 3

波士顿凯尔特人队 4

波士顿凯尔特人队 4

费城勇士队 2

费城勇士队 2

锡拉丘兹民族队 1

后麦肯时代，湖人队逐步褪去了王朝的光环，一如明尼阿波利斯寒冷的天气，主场的氛围也是惨淡寥落，上座率持续看跌。即便有"飞人系"鼻祖埃尔金·贝勒加盟，也难以改变这一窘况。

这种情况下，接手球队已两年的老板鲍勃·肖特开始考虑迁址，而下一站是：洛杉矶。肖特之所以青睐洛杉矶，是受到了美国职棒联盟球队道奇队的启发——道奇队于1958年从东部的布鲁克林迁到洛杉矶后，取得了意想不到的成功。就这样，洛杉矶成了湖人队的新家，从此这座城市雍容华贵的气质深深感染了这支历史上的王朝球队。

除了迁址，湖人队在这个赛季又迎来一个超级巨星，他就是历史上最强

的后卫之一，后来成为联盟LOGO原型的杰里·韦斯特。

韦斯特成名甚早，高中时曾率校队问鼎全国赛，而且是西弗吉尼亚州第一位单赛季得分超过900分的少年英雄。高中毕业后，曾有60多所大学愿意为韦斯特提供丰厚的奖学金。最终，他选择加盟西弗吉尼亚大学。1959年，韦斯特率队连续第三次夺得NCAA冠军，他本人也荣膺MOP。1960年，韦斯特代表美国队征战罗马奥运会，收获了一枚奥运会金牌；在当年的选秀大会上，他被湖人队在第1轮第2顺位签下。与韦斯特一道进入湖人队的，还有他大学时代的主教练弗雷德·斯卡斯。

韦斯特的新秀赛季并无亮眼表现，

1960—1961

湖人队迎"LOGO男"
"绿衫军"三连冠

总冠军：波士顿凯尔特人队

得分王：维尔特·张伯伦（勇士队/3033分）

篮板王：维尔特·张伯伦（勇士队/2149个）

助攻王：奥斯卡·罗伯特森（皇家队/690次）

最有价值球员：比尔·拉塞尔（凯尔特人队）

最佳新秀：奥斯卡·罗伯特森（皇家队）

场均贡献17.6分、7.7个篮板和4.2次助攻，他14年紫金生涯中只有这一个赛季场均得分不到20分。韦斯特蓄势待发，贝勒则继续进行砍分表演，该赛季他场均轰下34.8分，另有19.8个篮板入账。最神奇的一幕发生在1960年11月15日，湖人队vs尼克斯队，贝勒彻底进入无解模式，劈下惊为天人的71分，创造了新的NBA单场得分纪录。来到洛杉矶的第一个赛季，湖人队的成绩大有起色，36胜43负列西部第二。

季后赛首轮湖人队与活塞队展开飙分大战。头两战，湖人队都得到了120分，凭借水银泻地般的进攻取得2∶0领先。回到底特律，活塞队又以124∶113和123∶114扳平总比分。第五战，湖人队的进攻更加无敌，以137∶120晋级。

迈过活塞队这一关后，湖人队和老鹰队连续第三年在西部决赛中遭遇。常规赛老鹰队比湖人队多赢了15场球，实力明显高出一筹。但湖人队打得相当顽强，一度取得2∶1的领先。随后运气站在了老鹰队这一边，第四战1分险胜，第六战加时赛1分险胜，抢七局以105∶103取胜，再次闯入总决赛。

在这一年进入NBA的巨星还有"大O"奥斯卡·罗伯特森。罗伯特森是辛辛那提大学队史上第一个黑人球员，留下场均33.8分、15.2个篮板的傲人数据后，于1960年以状元身份成为皇家队一员。

与韦斯特一样，罗伯特森是罗马奥运会男子篮球冠军队成员。进入NBA后，罗伯特森根本无须适应，犹如天外来客般惊煞世人，菜鸟赛季就几乎达成场均三双伟业：30.5分、10.1个篮板和9.7次助攻，并以赛季690次助攻终结了鲍勃·库西对助攻王长达8个赛季的垄断。这着实是个高分遍地的赛季，罗伯特森和韦斯特的30+被"大北斗"张伯伦的场均38.4分所掩盖。除凭借赛季3033分连续第二个赛季揽下得分王之外，张伯伦还蝉联了篮板王，成为该赛季最为风光的球员。38.4分、34.8分和30.5分，NBA历史上首次出现单赛季同时有3名球员场均30+的盛景。

得分机器争奇斗艳，并不妨碍凯尔特人队继续王朝之旅。这是比尔·沙曼的最后一个赛季，由于萨姆·琼斯进入首发，他的出场时间有所减少。本赛季常规赛场次增加到了79场，凯尔特人队独孤求败，以57胜笑傲联盟，比尔·拉塞尔第2次荣膺常规赛MVP。4∶1淘汰民族队后，凯尔特人队与51胜的西部老大老鹰队会师总决赛。这是5年里两队第4次争夺总冠军，同时也是这对冤家最后一次"华山论剑"，这个赛季后老鹰队就再也没打进过总决赛，自此归于沉寂。四次总决赛碰撞中，这是最没有悬念的一次，凯尔特人队以4∶1的总比分完成了历史上第2次三连冠。

整个季后赛，凯尔特人队只输了两场球，其强大程度可见一斑。

1960—1961赛季排名

东部联盟			
排名	球队	胜	负
1	波士顿凯尔特人队	57	22
2	费城勇士队	46	33
3	锡拉丘兹民族队	38	41
4	纽约尼克斯队	21	58
西部联盟			
排名	球队	胜	负
1	圣路易斯老鹰队	51	28
2	洛杉矶湖人队	36	43
3	底特律活塞队	34	45
4	辛辛那提皇家队	33	46

张伯伦进入联盟后，就一直牢牢把持着得分王的宝座，诸如埃尔金·贝勒和奥斯卡·罗伯特森等砍分机器，也只有努力争第二的份儿。37.6分、38.4分，头两个赛季，张伯伦已然足够惊艳，但所有这些和1961—1962赛季相比，根本不值一提。这个赛季，张伯伦光是得分70+的比赛就达到了4场，场均得分是前无古人，后无来者的50.4分。张伯伦赛季总共砍下4029分，成为NBA历史上唯一单赛季总得分突破4000分大关的球员。

众所周知，张伯伦最惊人的表现是1962年3月2日勇士队对阵尼克斯队时匪夷所思地砍下了100分——细心的朋友会发现，尼克斯队喜欢成人之美，

前一个赛季，贝勒曾在纽约球队头上卷走71分，而在几十年后的2008—2009赛季，他们又被勒布朗·詹姆斯、科比·布莱恩特和德怀恩·韦德轮番打劫。

那场比赛还剩1分25秒时，看台上的球迷早已陷入痴狂状态，他们恨不得喊破喉咙："把球传给维尔特！把球传给维尔特！"此时张伯伦已经得到了98分，只要再投中一个球，就能突破百分大关。比赛还剩46秒，张伯伦终于得到圆满的机会，他在篮下接球、跃起、灌篮，100分神迹就此问世，勇士队最终以169∶147大胜。

张伯伦疯狂表演，连对手都被他彻底虏获，据说在100分诞生之际，尼

秀！张伯伦100分
"大O"场均三双

1961—1962

总冠军：波士顿凯尔特人队

得分王：维尔特·张伯伦（勇士队/4029分）

篮板王：维尔特·张伯伦（勇士队/2052个）

助攻王：奥斯卡·罗伯特森（皇家队/899次）

最有价值球员：比尔·拉塞尔（凯尔特人队）

最佳新秀：沃尔特·贝拉米（包装工队）

克斯队的防守球员根本就没动。那场比赛并没有电视直播，甚至纽约各大报纸的记者都没去采访，因为他们知道尼克斯队那个赛季就是"鱼腩"球队，每场铁定输球，去了也是白跑一趟。

奇怪的是，据统计，现场观众只有4124人，可时隔多年之后，声称亲眼见证100分的人超过了10000人。赛后张伯伦在接受《HOOP》杂志采访时说："上帝，这简直不可思议。我从未想到自己会在一场比赛投中那么多篮。"

的确，他把比赛当成了投篮练习，加之后来队友也极力成全，技术统计上赫然写着：63投36中。不仅如此，张伯伦向来很烂的罚球水平在那个夜晚也很超常：32投28中——要知道，那个赛季他的罚球命中率是惨不忍睹的50.6%。较之于单场100分和场均50.4分，张伯伦蝉联篮板王这等"小事"似乎没有赘述的必要了。

奥斯卡·罗伯特森的个人表演还在继续，且态势更为汹涌。该赛季，罗伯特森的投篮命中率高达47.8%，高居联盟第四，场均得分达到了30.8分，场均篮板数是整个职业生涯最高的12.5个，加上场均11.4次助攻。单赛季场均技术统计达到三双，罗伯特森成为NBA历史上唯一达到此成就的球员。尤其值得一提的是，终结了鲍勃·库西对助攻王长达8年的垄断后，罗伯特森该赛季又以899次助攻打破了前辈创下的单赛季总助攻次数纪录。

令人感到意外的是，张伯伦和罗伯特森打出变态数据，却与常规赛MVP无缘。比尔·拉塞尔场均"只"抢下23.6个篮板，就成为历史上首个MVP连庄者，原因在于，他所在的凯尔特人队整体更为强大、战绩更好——本赛季，"绿衫军"豪取NBA历史上的首个60胜，比东部第二足足多赢了11场。至此，MVP的评选标准逐步明确，那就是不仅要看个人表现，球队战绩也是极其重要的一环。与MVP首创时相比，这个标准已经发生了很大改变，鲍勃·佩蒂特成为历史上首个MVP，凭借的就是场均25.7分和16.2个篮板，那个赛季老鹰队只赢了33场。

球队方面，湖人队继续大踏步前进。埃尔金·贝勒因为要服兵役，本赛季只出战48场，场均轰下38.3分，大爆发的韦斯特拿到30.8分。除疯狂二人组外，湖人队阵中还有场均17.2分、10.4个篮板的鲁迪·拉鲁索，场均14.7分的弗兰克·塞尔威以及有"高速马力车"之誉的罗德尼·亨德莱。阵容豪华的湖人队统治了西部，比排在第二的皇家队多胜11场，并在西部决赛中以4：2的总比分干掉活塞队，重回总决赛。湖人队的对手自然是凯尔特人队。本赛季鲍勃·库西场均15.7分、7.8次助攻，拉塞尔23.6个篮板，"二年级生"托马斯·桑德斯9.5个篮板，海因索恩22.1分、9.5个篮板，凯尔特人队以60胜收官常规赛，笑傲群雄。季后赛张伯伦率勇士队给"绿衫军"制造了莫大麻烦，双方激战7场，凯尔特人队才凭借最后2秒的绝杀涉险过关。

总决赛率先在波士顿打响。前两战，双方战成1：1。第三战移师洛杉矶，杰里·韦斯特贡献关键抢断，抢下胜利，第四战凯尔特人队再次扳平。1962年4月14日第五战，贝勒上演得分秀，狂砍61分和22个篮板——61分是当时的季后赛单场最高得分纪录，保持了25年之久，帮助湖人队再次将比分超出。取得3：2领先后，湖人队与总冠军近在咫尺，但顽强的"绿衫军"在第六战背水一战，以119：105大胜，双方进入抢七大战。这又是一个惊心动魄的名局。两队一直呈互掐态势，战况极为胶着，打成100平后，湖人队握有最后一攻的机会。凯尔特人队的连冠步伐眼看就要结束了，这时候湖人队后卫塞尔威救了他们，他的投篮涮筐而出，比赛进入加时。大难不死后，凯尔特人队在加时赛中显示出了老辣的一面，最终以110：107笑到了最后，连续第4次捧起总冠军奖杯。

1961—1962赛季排名

东部联盟			
排名	球队	胜	负
1	波士顿凯尔特人队	60	20
2	费城勇士队	49	31
3	锡拉丘兹民族队	41	39
4	纽约尼克斯队	29	51

西部联盟			
排名	球队	胜	负
1	洛杉矶湖人队	54	26
2	辛辛那提皇家队	43	37
3	底特律活塞队	37	43
4	圣路易斯老鹰队	29	51
5	芝加哥包装工队	18	62

NBA PLAYOFFS

NBA季后赛 对阵表
1961—1962赛季

West **East**

The Finals

波士顿凯尔特人队

洛杉矶湖人队 4			波士顿凯尔特人队 4
	洛杉矶湖人队	波士顿凯尔特人队	费城勇士队 3
底特律活塞队 3			
	底特律活塞队 2	费城勇士队 3	
辛辛那提皇家队 1			锡拉丘兹民族队 2

NBA版图继续扩张。

勇士队是NBA的元老级球队，1946年BAA成立时，他们就是11支创建球队之一，而且还是那一赛季的总冠军。本赛季，勇士队和已经待了16年的费城说再见，搬迁到西海岸的旧金山，更名为旧金山勇士队。出于平衡考虑，拥有奥斯卡·罗伯特森的辛辛那提皇家队被划到东部赛区，而上赛季才加盟的新军芝加哥包装工队更名为芝加哥西风队。

赛季开始前，34岁的鲍勃·库西正式宣布，这将是他的最后一个赛季。虽然开创基业的功勋年龄逐渐增大，但凯尔特人队持续有新鲜血液加入，哈弗里切克于这个赛季入队。

哈弗里切克天生喜欢当配角，效力于俄亥俄州立大学期间，球队1号人物是杰里·卢卡斯，队友于是叫他"第二根香蕉"。在俄亥俄州立大学效力3年，哈弗里切克场均得到14.6分，入选过全美最佳阵容，校队取得了78胜6负的骇人战绩，获得1960年NCAA冠军。大学毕业后，哈弗里切克同时被两个联盟的球队——NFL（National Football League，美国国家橄榄球联盟）的克利夫兰布朗队和NBA的波士顿凯尔特人队——相中。虽然代表布朗队打了季前赛，但经过慎重权衡，哈弗里切克最终选择了NBA，正式成了"绿衫军"的一员。

1962—1963

五连冠！"绿衫军"神迹
库西正式退役

总冠军：波士顿凯尔特人队

得分王：维尔特·张伯伦（勇士队/3586分）

篮板王：维尔特·张伯伦（勇士队/1946个）

助攻王：盖伊·罗杰斯（勇士队/825次）

最有价值球员：比尔·拉塞尔（凯尔特人队）

最佳新秀：特里·帝辛格（西风队）

最佳教练：哈里·盖拉汀（老鹰队）

此时的凯尔特人队主将年龄偏大，哈弗里切克的朝气和硬朗给球队注入了一针强心剂，拉塞尔甚至说："他将让我的职业生涯延长两年。"在拉塞尔的力推下，哈弗里切克成为球队的第六人，并凭借场均14.3分、6.7个篮板的表现入选了新秀全明星队。本赛季凯尔特人队58胜22负，以10场优势领跑东部，拉塞尔连续三个赛季荣膺常规赛MVP。

被划入东部赛区的皇家队在罗伯特森的率领下，在东部决赛中给凯尔特人队制造了很大麻烦。大比分打成3∶3后，凯尔特人队拿下决胜局，再进总决赛。

西部依然是湖人队的地盘。休赛期湖人队招来了曾在民族队打过两年球的后卫迪克·巴莱特，把老后卫塞尔威挤到了第六人的位置上。埃尔金·贝勒得分势头不减，场均交出仅次于维尔特·张伯伦（场均44.8分）的34.0分。韦斯特因伤缺席了27场比赛，场均得到27.1分。巴莱特不辱使命，场均砍下18.0分，在韦斯特缺席期间撑起了湖人队后场。常规赛湖人队顺风顺水，以53胜27负的战绩再获西部赛区常规赛冠军，在西部决赛中淘汰老鹰队后再次和凯尔特人队会师总决赛。

似曾相识的戏码。2∶0，3∶1，4∶2，凯尔特人队再次踏着湖人队的"尸首"问鼎，成就了五连冠伟业。在职业生涯最后一场比赛中，鲍勃·库西感动了世界。比赛进行到第四节，库西扭伤了脚踝，在队友的搀扶下回到替补席。湖人队借机反攻，将分差缩小到了只剩1分，此时坚韧的库西带伤出场。尽管没有再次得分，但库西的出现却大幅提升了球队士气。112∶109，战斗结束，库西把球扔向看台，凯尔特人队登顶。

在35岁的时候，库西这个控卫"视觉系"鼻祖正式告别赛场，他的最后一战被描述成"波士顿的眼泪派对"。告别演说按计划为时7分钟，由于库西情绪激动、难以自已，延长到了20分钟。波士顿花园球馆中突然传出一声"我们爱你，库西"，随后整座城市陷入无尽的悲伤。约翰·肯尼迪亲自打来电话对库西说："比赛都会留下你精湛球技和强烈取胜心的印记。"

16955分（场均18.5分）、6945次助攻（场均7.6次）、80.3%的罚球命中率、917场胜利，伟大的鲍勃·库西连同这些数字，被永远地载入了凯尔特人队的荣耀史册。

1962—1963赛季排名

东部联盟			
排名	球队	胜	负
1	波士顿凯尔特人队	58	22
2	锡拉丘兹民族队	48	32
3	辛辛那提皇家队	42	38
4	纽约尼克斯队	21	59
西部联盟			
排名	球队	胜	负
1	洛杉矶湖人队	53	27
2	圣路易斯老鹰队	48	32
3	底特律活塞队	34	46
4	旧金山勇士队	31	49
5	芝加哥西风队	25	55

NBA PLAYOFFS

NBA季后赛 对阵表

1962—1963赛季

在度过了一个没有NBA球队的赛季后，费城球迷在这个赛季盼来了新的寄托：锡拉丘兹民族队入主费城，更名为费城76人队——取此名的缘由在于，1776年《独立宣言》正是在费城问世。

颇有趣味的是，民族队常年和勇士队对峙，是费城球迷最为痛恨的球队之一，如今却摇身一变，成为这座城市的新宠。芝加哥西风队也于本赛季入主巴尔的摩，成为新版巴尔的摩子弹队，也就是后来的华盛顿子弹队和现在的华盛顿奇才队（历史上还曾有一支巴尔的摩子弹队，他们于1947年加入NBA，并夺得1947—1948赛季总冠军，于1954年宣告解散）。

该赛季NBA迎来几位重量级新人，最重要的一位当数联盟前公关部主管J.沃尔特·肯尼迪，他接任退休的莫瑞斯·波多洛夫成为新任总裁。

哈弗里切克的大学时的队友杰里·卢卡斯和内特·瑟蒙德登上NBA舞台，他们分别加盟了辛辛那提皇家队和旧金山勇士队。

杰里·卢卡斯是俄亥俄州立大学的头牌，1960年曾代表美国国家队获得奥运会金牌。菜鸟赛季，卢卡斯场均能抢下17.7个篮板，投篮命中率高达52.7%，荣膺年度最佳新秀。

瑟蒙德大学期间场均能贡献17.8分、17个篮板，被勇士队在首轮第3顺位签下后，成了张伯伦的内线臂膀。该赛季张伯伦以场均36.9分连续第五个赛

联盟的无解时代
"绿衫军" 8年7冠

1963—1964

总冠军：波士顿凯尔特人队

得分王：维尔特·张伯伦（勇士队/2948分）

篮板王：比尔·拉塞尔（凯尔特人队/1930个）

助攻王：奥斯卡·罗伯特森（皇家队/868次）

最有价值球员：奥斯卡·罗伯特森（皇家队）

最佳新秀：杰里·卢卡斯（皇家队）

最佳教练：亚历克斯·汉纳姆（勇士队）

季霸占得分王宝座，不过场均22.3个篮板不足以保证他连续第五次成为篮板王，这一头衔被他的老对手比尔·拉塞尔抢走。在"大北斗"的庇护下，瑟蒙德在场均25.9分钟的出场时间里贡献7.0分、10.4个篮板。

值得注意的是，亚历克斯·汉纳姆此时成了勇士队的新教头，他给这支球队带来了全新的防守理念。常规赛勇士队的场均失分下降到102.6分，以48胜32负的战绩登上了西部榜首。季后赛中勇士队以4：3淘汰佩蒂特带领的老鹰队后，打进了最后的总决赛。这一次张伯伦收获了帮手，也收获了些许底气，他暗自发誓要教训教训拉塞尔和凯尔特人队。

连续两赛季闯入总决赛却都被凯尔特人队击败后，湖人队的士气受到沉重打击，在这个赛季交出了常规赛西部老大的王冠。杰里·韦斯特场均砍下28.7分，埃尔金·贝勒场均25.4分紧随其后，两人的得分高居联盟第五和第六。可锋卫线的强大越发凸显出内线的羸弱，湖人队的首发中锋吉恩·韦利场均只能得到可怜兮兮的4.3分。湖人队的常规赛战绩是42胜38负，在西部赛区只能排在第三位。季后赛首轮，湖人队被老鹰队淘汰出局，再进总决赛的美梦

被击了个粉碎。

凯尔特人队依然如磐石般岿然不动。鲍勃·库西的退役并未引起慌乱，萨姆·琼斯和K.C.琼斯成为凯尔特人队的后场新组合，拉塞尔镇守篮下，海因索恩和桑德斯担任箭头，哈弗里切克场均贡献19.9分，以第六人的身份成为球队得分王。另外，曾经辅佐过乔治·麦肯的"情书"克莱德·拉弗莱特也在这个赛季归顺，凯尔特人队的整体实力并未受到多大影响，常规赛轻而易举拿下59胜。至此，"库西和拉塞尔谁才是球队基石"的争论画上句号。东部决赛中凯尔特人队只用了5场比赛，就解决掉奥斯卡·罗伯特森和杰里·卢卡斯领衔的皇家队，习惯性杀入总决赛。

凯尔特人队vs勇士队，拉塞尔PK张伯伦，此前在东部不断上演的戏码在总决赛舞台上重现。令张伯伦始料不及的是，尽管他等来了瑟蒙德和汉纳姆，尽管勇士队常规赛时风光无限，可他来到西部后依然难以逃出拉塞尔和"绿衫军"的"魔爪"。4：1，凯尔特人队轻松卫冕。

六连冠，八年内七次夺冠，凯尔特人队俨然强大到了无解的地步。联盟其他球队似乎陷入了末世恐慌，他们都在想着同一个问题：凯尔特人队的连

冠何年何月才能结束？此时，有人已经 把凯尔特人队喻为MLB（Major League Baseball，美国职业棒球大联盟）的纽 约扬基队——1949—1953年，扬基队五连冠。

1963—1964赛季排名

东部联盟			
排名	球队	胜	负
1	波士顿凯尔特人队	59	21
2	辛辛那提皇家队	55	25
3	费城76人队	34	46
4	纽约尼克斯队	22	58
西部联盟			
排名	球队	胜	负
1	旧金山勇士队	48	32
2	圣路易斯老鹰队	46	34
3	洛杉矶湖人队	42	38
4	巴尔的摩子弹队	31	49
5	底特律活塞队	23	57

NBA PLAYOFFS

NBA季后赛对阵表
1963—1964赛季

West　　　　　　　　　　　　　　　　East

The Finals

波士顿凯尔特人队

旧金山勇士队 4
旧金山勇士队 1
圣路易斯老鹰队 3
圣路易斯老鹰队 3
洛杉矶湖人队 2
波士顿凯尔特人队
辛辛那提皇家队 4
辛辛那提皇家队 1
波士顿凯尔特人队 4
辛辛那提皇家队 3
费城76人队 2

任谁也不会想到，上赛季打进总决赛的旧金山勇士队以光速沉沦，这个赛季开始后仿佛换了一支球队，人见人欺，一蹶不振。遭遇尴尬的17连败后，勇士队穷则思变，决定进行大交易，而他们大刀砍向的竟然是"数据怪物"、正值巅峰期的维尔特·张伯伦——三名球员加一笔现金，张伯伦被交易到了费城76人队。

实际上，勇士队进行交易的最大动力是瑟蒙德的飞速成长，这个"二年级生"让他们看到了球队内线的未来。世事就是这么奇妙，在外漂泊两年后，张伯伦又回到了费城。不过，在旧金山的两年里，张伯伦至少尝过总决赛的味道，而此番重回东部，他不得不再次面对拉塞尔和凯尔特人队。斗转星移，张伯伦有机会撼动"绿巨人"吗？

失去张伯伦后，勇士队成了17胜63负的"鱼腩"，76人队则战力大增，战绩由上赛季的34胜46负提升到40胜40负，宿命般地在季后赛中遭遇凯尔特人队。

赛季开始前，凯尔特人队老板，同时也是NBA奠基人之一的沃尔特·布朗辞世，奥尔巴赫承担起了更多的管理工作。拉姆西和卢斯卡特奥夫两员老将也已经离队，但诸多不利因素并未影响到"绿衫将士"的士气，他们决定用出色的战绩来缅怀布朗这个现代职业篮球创

瞬间！东部决赛惊世一断 76人队失意

1964—1965

总冠军：**波士顿凯尔特人队**

得分王：**维尔特·张伯伦**（勇士队、76人队/2534分）

篮板王：**比尔·拉塞尔**（凯尔特人队/1878个）

助攻王：**奥斯卡·罗伯特森**（皇家队/861次）

最有价值球员：**比尔·拉塞尔**（凯尔特人队）

最佳新秀：**威利斯·里德**（尼克斯队）

最佳教练：**阿诺德·奥尔巴赫**（凯尔特人队）

始人。常规赛，凯尔特人队势如破竹，一度取得11连胜，最终以62胜18负、领先皇家队14场的傲人战绩锁定东部老大的位置。随后就是历史倒带，张伯伦PK拉塞尔，费城的球队PK"绿衫军"。

76人队和凯尔特人队的东部决赛堪称经典，双方在前六战中各自在主场获胜，于是有了抢七局中哈弗里切克那销魂一断——

比赛还剩最后1分钟，比分为103∶110，76人队落后7分，到了"死亡"的边缘。然而，"绿衫军"忽略了张伯伦这个历史上最恐怖的"刷分狂"。张伯伦连下6分后，76人队只落后1分，死灰复燃。轮到凯尔特人队发球，由身高2.08米、据说臂展达到2.20米的比尔·拉塞尔来执行。"指环王"后来回忆道："我认为自己是球队最好的传球手，所以在维尔特将比分迫近至1分时，我应该去开那次球。"

此时意外发生了。张伯伦和查特·沃克在拉塞尔眼前"四爪乱舞"，干扰视线。拉塞尔想把球扔给K.C.琼斯，他的视线有点模糊，下意识抬高了出球点——简直太高了，太令人难以置信了，球咣当一声打在了篮板后沿上。场边"红衣主教"奥尔巴赫吐出了"F字诀"，凯尔特人队名嘴评论员约翰

尼·莫斯特变得语无伦次，"No……拉塞尔他……天哪……波士顿失去了球权……Oh，my……"

"情况似乎变得有点不妙了。"波士顿花园的球迷都这么想，但当他们还没搞懂拉塞尔是如何把球权让出去的时候，一个近乎歇斯底里的声音蹿进了他们的耳朵，"哈弗里切克断球了，球来到了萨姆·琼斯手上，一切都结束了！一切都结束了！"莫斯特疯狂叫道。

故事是这样发生的：76人队哈尔·格瑞尔发球，他的第一目标当然是张伯伦，因为"我们拥有5秒钟的时间，球只要到了张伯伦手里就有希望了"。就像张伯伦和查特·沃克夹击拉塞尔一样，拉塞尔携K.C.琼斯在格瑞尔面前变换着角度挥手，很可能嘴里还嘟囔着"出来混，迟早要还的"之类的咒语。格瑞尔心里立马就乱了，仓促间竟然跳了起来，接球目标也换成了查特·沃克。但是，跳起传球的结果是"哈弗里切克断球了，GAME OVER了"。

"这是我职业生涯最不堪回首的一幕……我太大意了，让球队整赛季的努力付之一炬。"倒霉蛋沃克如是说。沃克的感受是："太突然了，我的眼睛只顾来球，没注意到身边的哈弗里切

克。有一半的责任在我。"

沉沦一个赛季后，湖人队强力反弹。赛季伊始湖人队就打出14胜6负的战绩，最终以49胜31负四年来第三次夺取西部常规赛冠军。这当然得归功于杰里·韦斯特和埃尔金·贝勒的骇人火力，两人分别砍下高居联盟第二和第四的场均31.0分和27.1分。西部决赛湖人队遭遇巴尔的摩子弹队的顽强抵抗，但终究还是以4：2的大比分重返总决赛。这个系列赛的六场比赛中，韦斯特俨然"无解男"，场均劈落46.3分，此纪录时至今日亦无人能破。

在那袭绿色身影的笼罩下，张伯伦是难以冲出东部的，而湖人队则是连续在总决赛中失意。四年来的第三次，湖人队又遇老对手，又输了。实际上，总决赛尚未打响，胜负已经基本确定，因为"洛杉矶双杰"之一的贝勒膝部受伤，不得不缺席整个总决赛。

首战，凯尔特人队142：110狂屠湖人队，第五战再次胜出34分，最终以4：1的总比分毫无悬念地获得七连冠。这轮系列赛，韦斯特场均取下40.6分，但终究是双拳难敌多手，败倒在那个强大的整体球队手下。

1964—1965赛季排名

东部联盟			
排名	球队	胜	负
1	波士顿凯尔特人队	62	18
2	辛辛那提皇家队	48	32
3	费城76人队	40	40
4	纽约尼克斯队	31	49
西部联盟			
排名	球队	胜	负
1	洛杉矶湖人队	49	31
2	圣路易斯老鹰队	45	35
3	巴尔的摩子弹队	37	43
4	底特律活塞队	31	49
5	旧金山勇士队	17	63

NBA PLAYOFFS

NBA季后赛 对阵表
1964—1965赛季

The Finals

波士顿凯尔特人队

洛杉矶
湖人队 [4]

巴尔的摩
子弹队 [3]

洛杉矶
湖人队 [1]

圣路易斯
老鹰队 [1]

巴尔的摩
子弹队 [2]

波士顿
凯尔特人队 [1]

波士顿
凯尔特人队 [4]

波士顿
凯尔特人队 [4]

费城
76人队 [3]

费城
76人队 [3]

费城
76人队 [3]

辛辛那提
皇家队 [1]

被哈弗里切克"断"送前程后，76人队继续补强阵容，北卡罗莱纳大学的前锋比利·坎宁安入队。

76人队的阵容变得空前强大，前场有维尔特·张伯伦、查特·沃克、杰里·卢卡斯三巨头，康宁汉姆本赛季场均也能贡献14.3分，后场则有哈尔·格瑞尔和"二年级"新星琼斯。张伯伦场均攻下33.5分，赛季2649分，继续垄断得分王，常规赛总得分还超越鲍勃·佩蒂特刷新历史最高纪录。顺便提一下，皇家队的奥斯卡·罗伯特森完成助攻王三连庄。

这个赛季76人队和凯尔特人队交手10次，前者6次胜出占了上风。76人队赛季末发力迅猛，21场比赛中取得18胜，最终以55胜25负的战绩终结了凯尔特人队的东部常规赛十连冠，成为新科东部常规赛冠军。

凯尔特人队确实遭遇了前所未有的麻烦，大前锋汤姆·海因索恩宣布退役，而"首发五虎"中的萨姆·琼斯、K.C.琼斯以及比尔·拉塞尔都已年逾三十，面临退役。其实不仅仅是常规赛，季后赛开始后凯尔特人队也是举步维艰。首轮对阵皇家队，三战过后凯尔特人队以1:2落后，再输一场就会回家钓鱼。但瘦死的骆驼比马大，坚韧的意志再次拯救了凯尔特人队，他们一鼓作气连下两城，迈过了皇家队。渡过难关后"绿衫军"再也无法被阻挡，而以逸待劳的76人队则突然"卡壳"。凯尔特人队面对抢走东部常规赛冠军的张伯伦和76人队，仅用了5场就完美复仇，再

1965—1966

难有后来者
"绿衫军"迎旷世八连冠

总冠军：波士顿凯尔特人队

得分王：维尔特·张伯伦（76人队/2649分）

篮板王：维尔特·张伯伦（76人队/1943个）

助攻王：奥斯卡·罗伯特森（皇家队/847次）

最有价值球员：维尔特·张伯伦（76人队）

最佳新秀：里克·巴里（勇士队）

最佳教练：多尔夫·谢伊斯（76人队）

次杀进总决赛。在雄心万丈的76人队速败后，主教练多尔夫·谢伊斯黯然下课。

在总决赛等待"绿衫军"的是老对手湖人队。赛季开始前湖人队再度易主，老板鲍勃·肖特将俱乐部转给了杰克·肯特·库克。库克为此支付了500万美金，这在当时可是一个天文数字。这笔交易让人真正知道，此时一支NBA强队在价值上已经可以媲美美国职业棒球大联盟的球队了。

赛季开打后，替补中锋达尔·伊摩霍夫和后卫沃特·哈查德一起进入湖人队首发阵容，尼克斯队的鲍勃·布泽尔也加盟球队，在埃尔金·贝勒因伤缺阵期间很好地起到了"备胎"的作用。湖人队另有一个极具潜质的新秀加盟，他就是后来赫赫有名的盖尔·古德里奇。

这个赛季对贝勒来说颇为艰难，在膝伤困扰下，他只打了65场比赛。职业生涯前七个赛季，贝勒场均得分从未少于24分，但这个赛季只得了16.6分。好消息是韦斯特保持强大火力，场均砍下31.3分，仅次于张伯伦。

常规赛时湖人队并未打出惊人的连胜战绩，成绩最好的11月份不过是10胜7负，此后三个月的胜率甚至达不到50%。不过由于其他球队不太争气，湖人队还是以45胜35负的战绩成为西部常规赛冠军。西部决赛与老鹰队缠斗七场后，湖人队如约与凯尔特人队相遇在总决赛。

总决赛首战，湖人队历经加时以133∶129占得先机。看上去凯尔特人队很难延续传奇了，但老到的奥尔巴赫总是能想到办法鼓舞弟子的士气，此时他宣布下赛季比尔·拉塞尔将接过他的权杖，这意味着后者将成为NBA历史上第一个黑人教练，会以球员和教练的双重身份出现在赛场上。此决定宣布后，球员受到精神鼓舞，为了能用圆满的结局给"红衣主教"送行，他们所向披靡连胜三场，赢回主动权。

可能是因为之前连续在总决赛中饮恨，湖人队也练就了坚韧的意志，退无可退后他们连扳两城，两队进入到残酷的抢七局。

总决赛第七场又是一场拉锯战，从战局发展看，湖人队很有机会终结凯尔特人队的独霸时代。但遗憾的是，他们仅差那么一点点，还是未能冲破"总决赛逢'绿衫军'不胜"的魔咒——自1959年以来，湖人队和凯尔特人队五次相遇于总决赛，无一胜绩。更为糟糕的是，这个魔咒后来还在继续。而在奥尔巴赫告别战中，凯尔特人队诠释了"老兵不死，只会慢慢凋零"，他们以95∶93险胜，完成惊世骇俗的八连冠伟业。

1965—1966赛季排名

东部联盟			
排名	球队	胜	负
1	费城76人队	55	25
2	波士顿凯尔特人队	54	26
3	辛辛那提皇家队	45	35
4	纽约尼克斯队	30	50

西部联盟			
排名	球队	胜	负
1	洛杉矶湖人队	45	35
2	巴尔的摩子弹队	38	42
3	圣路易斯老鹰队	36	44
4	旧金山勇士队	35	45
5	底特律活塞队	22	58

NBA PLAYOFFS

NBA季后赛 对阵表
1965—1966赛季

West   East

The Finals

波士顿凯尔特人队

West			The Finals		East	
		洛杉矶湖人队 **4**			波士顿凯尔特人队 **4**	波士顿凯尔特人队 **3**
圣路易斯老鹰队 **3**	洛杉矶湖人队 **3**	波士顿凯尔特人队 **4**		辛辛那提皇家队 **2**
巴尔的摩子弹队 **0**	圣路易斯老鹰队 **3**			费城76人队 **1**

两支总决赛球队在这个赛季都显露出疲态。

湖人队饱受非战斗性减员之苦，杰里·韦斯特和埃尔金·贝勒都为膝伤所累，分别缺席了15场和11场比赛。常规赛阶段湖人队排在西部第三，不过36胜45负的战绩使他们从1960—1961赛季以来胜率首次低于50%。季后赛首轮，湖人队被旧金山勇士队横扫出局。

而凯尔特人队那边，比尔·拉塞尔执教的首个赛季就举步维艰，主力年龄偏大是个大问题。不过即便是困难重重，拉塞尔还是率队取得了60胜21负的不俗战绩。季后赛轻松淘汰尼克斯队后，凯尔特人队在第二轮输给了如日中天的76人

队，过去10个赛季以来第一次被拒于总决赛的大门之外，连冠神话就此画上了句点。赛季结束后，K.C.琼斯退役。

本赛季风光最盛的，无疑是张伯伦和他所在的费城76人队。

上赛季76人队速败后，主教练多尔夫·谢伊斯黯然下课，顶替他的是亚历克斯·汉纳姆。这个脾气火暴的小个子教练来到费城后的第一件事情就是"整治"张伯伦，第一堂训练课上，他就严词勒令张伯伦停止单干。作为联盟头号球星，张伯伦当然不服，但汉纳姆也不是好惹的，他甚至威胁"大帅""不服就去门外单挑"。对峙最终以张伯伦的妥协告终，他在球风上完成

世纪对决 "大帅" 胜
76人队上演复仇

1966—1967

总冠军：费城76人队

得分王：里克·巴里（勇士队／2775分）

篮板王：维尔特·张伯伦（76人队／1957个）

助攻王：盖伊·罗杰斯（公牛队／908次）

最有价值球员：维尔特·张伯伦（76人队）

最佳新秀：戴夫·宾（活塞队）

最佳教练：约翰·克尔（公牛队）

华丽的转身。本赛季张伯伦只得到排在联盟第三名的1956分，八年来得分王首次旁落，但他以赛季1957个篮板蝉联篮板王之余，还能送出630次助攻，赛季总助攻数联盟第三。

张伯伦的改变——减少个人攻击戏份，融入整体调动队友——效果卓著，这虽然让他丢了得分王，却换来了76人队的崛起。截至1966年夏天，NBA历史上的单赛季最佳战绩是1964-1965赛季凯尔特人队缔造的62胜18负。这一纪录被张伯伦和76人队改写。该赛季76人队从开局就见佛杀佛，15胜1负后，又来了两拨11连胜，战绩一度达到45胜4负。以9连胜收官后，76人队的常规赛战绩停留在68胜13负，成为历史上首支常规赛胜率超过80%的球队，也是首支单赛季取得过两次10场以上连胜的球队。1982年NBA35周年庆典上，这个赛季的76人队被评为最强球队。

但上个赛季的教训足够惨痛，76人队豪取东部常规赛冠军，却在季后赛遭凯尔特人队屠杀。该赛季的东部决赛，张伯伦终于等来复仇的绝佳机会，凯尔特人队这次未能延续传奇，最终以1：4败下阵来，连冠步伐被终结。

冲出东部后，张伯伦在总决赛中遇到了老东家旧金山勇士队，结果他又报了当年被扫地出门的一箭之仇，率队以4：2的总比分捧取总冠军奖杯。汉纳姆成为NBA历史上第一位在两支不同的球队夺冠的主教练，第一次还要追溯到1958年率领老鹰队夺冠。有趣的是，凯尔特人队十一冠历程中被中断的那两年，汉纳姆都充当了终结者的角色。

"绿衫军"的连冠和张伯伦的反抗掩盖了一些东西，比如里克·巴里的成长。实际上在菜鸟赛季，巴里就峥嵘展露，场均得到联盟第四的25.7分，当选年度最佳新秀，并入选了最佳阵容。到了这个赛季，适逢张伯伦不再迷恋刷分，巴里当仁不让地接过得分王权杖。巴里该赛季总得分2775分为生涯最高，场均35.6分比排名第二的奥斯卡·罗伯特森足足高出5分。1966年12月6日对阵尼克斯队的比赛中，巴里创纪录地单节罚中14个球，后来他参加了全明星赛，以38分的惊艳表现荣膺MVP。

另外，芝加哥公牛队于该赛季加入NBA。初入联盟时公牛队隶属西部，为此联盟把巴尔的摩子弹队划到了东部，这样一来东、西部各五支球队，达到了平衡。

公牛队首个赛季只有33胜48负，排在西部倒数第二，仅强于活塞队，不过盖伊·罗杰斯成为新科助攻王，令人眼前一亮。

1966—1967赛季排名

东部联盟			
排名	球队	胜	负
1	费城76人队	68	13
2	波士顿凯尔特人队	60	21
3	辛辛那提皇家队	39	42
4	纽约尼克斯队	36	45
5	巴尔的摩子弹队	20	61
西部联盟			
排名	球队	胜	负
1	旧金山勇士队	44	37
2	圣路易斯老鹰队	39	42
3	洛杉矶湖人队	36	45
4	芝加哥公牛队	33	48
5	底特律活塞队	30	51

NBA PLAYOFFS

NBA季后赛 对阵表
1966—1967赛季

NBA继续扩大版图，西雅图超音速队和圣迭戈火箭队宣布加入。

由于这两支新军被划到西部，出于平衡方面的考虑，底特律活塞队去了东部。由于球队数量增至12支，NBA常规赛也增加到了82场。超音速队处子赛季仅仅取胜23场，火箭队更惨，战绩只有15胜67负，两支新军排在西部倒数。

ＮＢＡ的空前繁荣加速了ＡＢＡ（American Basketball Association，美国篮球协会）的诞生。ABA成立之初有11支球队，每队各打78场常规赛，一些没有NBA球队的大城市诸如达拉斯、丹佛、休斯敦和奥克兰等都在ABA有了职业篮球队。NBA第一个超级中锋乔治·麦肯成为ABA首任总裁，NBA新科得分王里克·巴里也从旧金山勇士队跳槽到ABA的奥克兰橡树队，大大增加了新生联盟的知名度。

回到NBA。上赛季取得巨大成功后，汉纳姆和张伯伦都尝到了"转身"的甜头，本赛季他们再接再厉。张伯伦刻意减少了出手次数，把精力更多地放在防守和组织策应中去。张伯伦以赛季1952个篮板继续垄断篮板王，但更为神奇的是，他竟然以赛季702次助攻成为历史上身高最高的助攻王，同时也是迄今为止唯一以中锋身份当选助攻王的球员。

里克·巴里跳槽至ABA，活塞队的戴夫·宾趁机抢下得分王头衔，他也是

1967—1968

王朝还没有坍塌
"绿衫军"卷土重来

总冠军：波士顿凯尔特人队

得分王：戴夫·宾（活塞队／2142分）

篮板王：维尔特·张伯伦（76人队／1952个）

助攻王：维尔特·张伯伦（76人队／702次）

最有价值球员：维尔特·张伯伦（76人队）

最佳新秀：厄尔·门罗（子弹队）

最佳教练：里奇·盖伦（老鹰队）

自1948年以来第一个获此殊荣的后卫球员。常规赛几乎是上个赛季的翻版，76人队继续打压凯尔特人队，以62胜20负的战绩领先后者8个胜场，蝉联东部常规赛冠军。而张伯伦也凭篮板王和助攻王连续第三个赛季加冕常规赛MVP，成为继比尔·拉塞尔后第二位常规赛MVP三连庄的球员。此外，张伯伦职业生涯第七次——同时也是最后一次——入选了常规赛最佳阵容。

常规赛被76人队掀翻后，凯尔特人队露出了老迈的迹象，尤其是K.C.琼斯的退役对球队影响颇大。不过比尔·拉塞尔的执教能力在困难时期得到展现，他最大限度地延缓了"绿衫军"衰落的速度。

常规赛凯尔特人队54胜28负，列在76人队之后排名东部第二。几乎所有人都认为，从此东部将成为76人队的天下，盛极一时的凯尔特人队将慢慢退出中心舞台。

但现实是，凯尔特人队在东部决赛中狠狠教育了76人队。这是两队连续第四年在东部决赛相遇。前四场的战局符合坊间预期：76人队轻松取得3：1领先，凯尔特人队似乎没有多少还手之力。接下来意外发生了，打不死的"绿衫军"连追两局，总比分打成3：3。抢

七局双方拼得异常惨烈，比分始终没有拉开，最后1分钟拉塞尔接管了比赛，他先是命中罚球，继而盖掉了对手的投篮并抓下篮板，随后用一记助攻结果了76人队，助凯尔特人队重返总决赛。

另外一支总决赛球队是湖人队。上个赛季结束后，弗雷德·斯卡斯——湖人队搬到洛杉矶后，他就一直担任主教练，七年来四次将湖人队带入总决赛——黯然下课，有着"硬汉比尔"之称的范·布雷德·考尔夫继任，同时球队主场也迁至新建的能容纳17500名观众的论坛球馆。

伤病魔咒继续笼罩洛杉矶，杰里·韦斯特因伤缺席了31场比赛，好在"二年级"新秀后卫阿奇依·克拉克在该赛季展露出了进攻天赋，场均得到19.9分。埃尔金·贝勒场均得到26.0分、12.2个篮板，两项数据都为球队最高。52胜30负，湖人队比上个赛季多赢了16场，排在老鹰队之后列于西部第二。淘汰公牛队后，湖人队又在西部决赛中复仇成功，淘汰掉勇士队重返总决赛。

低谷过后的湖人队终于杀出西部，然而可悲的是，他们面前"横亘"着总决赛克星凯尔特人队。还是老掉牙的桥段，凯尔特人队以4：2战胜湖人队，夺得十年来的第九座总冠军奖杯，而湖人队还是没能打破"总决赛逢'绿衫军'不胜"的魔咒。

1967—1968赛季排名

东部联盟			
排名	球队	胜	负
1	费城76人队	62	20
2	波士顿凯尔特人队	54	28
3	纽约尼克斯队	43	39
4	底特律活塞队	40	42
5	辛辛那提皇家队	39	43
6	巴尔的摩子弹队	36	46
西部联盟			
排名	球队	胜	负
1	圣路易斯老鹰队	56	26
2	洛杉矶湖人队	52	30
3	旧金山勇士队	43	39
4	芝加哥公牛队	29	53
5	西雅图超音速队	23	59
6	圣迭戈火箭队	15	67

NBA PLAYOFFS

NBA季后赛 对阵表
1967—1968赛季

West   East

洛杉矶湖人队 4
芝加哥公牛队 1
洛杉矶湖人队 4
旧金山勇士队 4
圣路易斯老鹰队 2
旧金山勇士队 0

The Finals
波士顿凯尔特人队

洛杉矶湖人队 2
波士顿凯尔特人队 4

波士顿凯尔特人队 4
波士顿凯尔特人队 4
底特律活塞队 2
费城76人队 3
费城76人队 4
纽约尼克斯队 2

NBA的扩军行动仍在继续，菲尼克斯太阳队和密尔沃基雄鹿队加入联盟。太阳队被划在西部，处子赛季只取得16场胜利，在联盟垫底，而划为东部球队的雄鹿队27胜55负，于东部垫底。与此同时，圣路易斯老鹰队搬迁到了亚特兰大，正式更名为亚特兰大老鹰队，彼时他们还隶属于西部赛区。

该赛季颇有趣味的事情还有：就像张伯伦曾经单赛季场均出战48.5分钟一样，有人竟一个赛季打了88场常规赛——沃尔特·贝拉米在尼克斯队打了35场比赛之后被交易至活塞队，由于两队的赛程并不同步，他又打了53场比赛。

上述这些不过是开胃甜点，本赛季最具爆炸性的事件当数张伯伦转会湖人队。

屡屡在总决赛中被凯尔特人队击溃，湖人队终于意识到了症结所在，那就是尽管他们坐拥攻击力骇人的锋卫王牌组合，但得中锋者得天下，他们缺少能抗衡比尔·拉塞尔的内线球员。

此时埃尔金·贝勒已是拖着一条伤腿的34岁老将，杰里·韦斯特也即将步入而立之年，若再不招揽强力中锋，湖人队要想重现昔日荣光就不知道等到什么时候了。

1968—1969

载入史册的"绿衫时代"
韦斯特败方MVP

总冠军： 波士顿凯尔特人队

总决赛MVP： 杰里·韦斯特（湖人队）

得分王： 埃尔文·海耶斯（火箭队／2327分）

篮板王： 维尔特·张伯伦（湖人队／1712个）

助攻王： 奥斯卡·罗伯特森（皇家队／772次）

最有价值球员： 韦斯·昂塞尔德（子弹队）

最佳新秀： 韦斯·昂塞尔德（子弹队）

最佳教练： 吉恩·舒（子弹队）

库克老板痛定思痛，用克拉克、达里尔·拉姆霍夫、杰里·查伯斯作为筹码，从76人队换来了超级中锋维尔特·张伯伦。张伯伦的到来并没有如业界预测的那样，立马让湖人队变成独孤求败的霸主。不过，该赛季韦斯特和贝勒场均都能轰下20+，张伯伦则以赛季1712个篮板蝉联篮板王，湖人队内外趋于平衡是不争的事实，他们以西部最好的55胜27负收官常规赛。

季后赛时，勇士队给湖人队带来了大麻烦，但后者在0：2落后的不利局面下连赢四场（其中第六场以118：78狂胜40分），涉险过关闯进西部决赛。西部决赛中湖人队乘胜追击，以4：1干掉刚刚迁址的亚特兰大老鹰队，强势挺进总决赛。

张伯伦西游，凯尔特人队成为最大的受益者。这一年萨姆·琼斯和比尔·拉塞尔分别35岁和34岁，凯尔特人队的老龄化现象越发凸显，他们在常规赛只收获自1956—1957赛季以来最少的48场胜利（1956—1957赛季之前常规赛只有72场），排在东部第四名。凯尔特人队似乎已经没有兴趣争一时之长短，杀进季后赛后他们战力大增，先后淘汰掉少了张伯伦的76人队以及尼克斯队，与湖人队再次会师。

最有趣的故事终于上演了：拉塞尔vs张伯伦。不管张伯伦走到哪里，是西游旧金山，是重回费城，还是来到洛杉矶，这对超级中锋总避免不了"兵戎相见"。

眼见凯尔特人队逐步衰落，大力补强的湖人队决心一雪前耻。前两战湖人队取胜，局面相当有利。但凯尔特人队已经无数次告诉大家，不管遇到什么困难，他们就是"打不死的小强"。回到波士顿，凯尔特人队连扳两城，萨姆·琼斯立下大功，他在第四战用终场绝杀帮球队89：88艰难获胜。随后两队各胜一场，又来到了惊心动魄的第七场决战。

抢七局在洛杉矶的论坛球馆进行，湖人队高管信心爆棚，他们认为凯尔特人队已是强弩之末，在球馆布置了数不清的气球，准备庆祝翻身做主人。

湖人队为盲目自大付出了惨痛的代价，比赛一开始就被低调的凯尔特人队猛踹屁股，第四节一度落后了17分之多。直到此时湖人队才如梦方醒，掀起了如潮大反扑，但幸运女神还是站到了凯尔特人队一边，关键时刻张伯伦和主帅发生冲突，被禁止出场。论坛球馆中的那些气球没能放飞，唐·尼尔森最后时刻跳投得手，108：106，"绿衫军"以2分的微弱优势抢七成功，如愿卫冕。

13年内11次夺冠，这是北美体育史上的神话。赛季结束后，比尔·拉塞尔和萨姆·琼斯宣布退役，"绿衫王朝"落幕。值得一提的是，该赛季首次设立了总决赛MVP，湖人队的杰里·韦斯特抢下历史上首个总决赛MVP。总决赛MVP获得者出自落败一方，此种怪现象在NBA历史上只发生过这一次。

拉塞尔和张伯伦都已是老面孔，但本赛季有两名内线新秀——火箭队的埃尔文·海耶斯和子弹队的韦斯·昂塞尔德——登陆NBA，中锋香火得以传承。

状元郎海耶斯拥有健壮的体魄和超强的得分能力，新秀赛季就以总得分2327分成为得分王，同时场均还能抢下17.1个篮板。

昂塞尔德是榜眼，该赛季场均能贡献13.8分、18.2个篮板，其中篮板数仅次于维尔特·张伯伦高居联盟第二，成为历史上继张伯伦后包揽最佳新秀和常规赛MVP的第二人。在昂塞尔德的率领下，子弹队本赛季异军突起，取得了联盟最好的57胜25负。

1968—1969赛季排名

东部联盟			
排名	球队	胜	负
1	巴尔的摩子弹队	57	25
2	费城76人队	55	27
3	纽约尼克斯队	54	28
4	波士顿凯尔特人队	48	34
5	辛辛那提皇家队	41	41
6	底特律活塞队	32	50
7	密尔沃基雄鹿队	27	55

西部联盟			
排名	球队	胜	负
1	洛杉矶湖人队	55	27
2	亚特兰大老鹰队	48	34
3	旧金山勇士队	41	41
4	圣迭戈火箭队	37	45
5	芝加哥公牛队	33	49
6	西雅图超音速队	30	52
7	菲尼克斯太阳队	16	66

NBA PLAYOFFS

NBA季后赛 对阵表
1968—1969赛季

The Finals

波士顿凯尔特人队

洛杉矶
湖人队 **4**

洛杉矶
湖人队 **4**

旧金山
勇士队 **2**

洛杉矶
湖人队 **3**

波士顿
凯尔特人队 **4**

亚特兰大
老鹰队 **4**

亚特兰大
老鹰队 **1**

圣迭戈
火箭队 **2**

波士顿
凯尔特人队 **4**

纽约
尼克斯队 **2**

波士顿
凯尔特人队 **4**

费城
76人队 **1**

纽约
尼克斯队 **4**

巴尔的摩
子弹队 **0**

081

第三章

翻天覆地，诸神混战

仿佛上帝刻意安排好了一般，比尔·拉塞尔退役之时，另一名超级中锋加入联盟，他就是"天勾"卡里姆·阿卜杜尔·贾巴尔——那时候他叫卢·阿尔辛多。

效力UCLA（University of California, Los Angeles，加利福尼亚大学洛杉矶分校）期间，阿尔辛多就被视为洪水猛兽。除了"一年级"时因联盟相关规定无法代表校队出战外，1967年至1969年的三年间，阿尔辛多垄断了MOP奖项以及全美大学第一阵容中的中锋位置。在阿尔辛多的带领下，UCLA连续三年将NCAA冠军奖杯收入囊中。

1969年，这个大个子引发了NBA和ABA的哄抢，阿尔辛多最终选择了NBA。在此前一个赛季中，雄鹿队和太阳队分别在东、西部垫底，他们要通过猜硬币的方式决出谁拥有状元签。雄鹿队的运气更好一些，他们用状元签签下了阿尔辛多。阿尔辛多根本无须适应，即插即用，霸占了球场，场均砍下联盟第二的28.8分和联盟第三的14.5个篮板，轻松成为年度最佳新秀。雄鹿队也凭此一飞冲天，以56胜26负的战绩飙升至东部第二。

尽管如此，最令人惊讶的球队并非雄鹿队，而是尼克斯队。

尼克斯队的人员在上个赛季发生了很大变化，老鹰队前主教练霍尔兹曼取代麦克圭尔成为新任主教练，三

上帝安排！"天勾"驾到
铁血尼克斯

1969—1970

总冠军： 纽约尼克斯队

总决赛MVP： 威利斯·里德（尼克斯队）

得分王： 杰里·韦斯特（湖人队/31.2分）

篮板王： 埃尔文·海耶斯（火箭队/16.9个）

助攻王： 兰尼·威尔肯斯（超音速队/9.1次）

最有价值球员： 威利斯·里德（尼克斯队）

最佳新秀： 卢·阿尔辛多（雄鹿队）

最佳教练： 瑞德·霍尔兹曼（尼克斯队）

个资质出众的新秀——普林斯顿大学的罗德奖获得者比尔·布拉德利、南伊利诺斯大学的沃尔特·弗雷泽和北达科他大学的菲尔·杰克逊——加入球队，活塞队球星德布什切尔也通过交易来到球队。

1956年至1966年的10个赛季，尼克斯队只有1次打进过季后赛，是实实在在的"鱼腩"球队。拼装完毕后，尼克斯队在威利斯·里德的带领下，终于在这个赛季井喷般爆发。打出一波创纪录的18连胜后，尼克斯队在常规赛取得了联盟第一的60胜22负，并一路过关斩将，以4:3淘汰子弹队，以4:1干掉拥有卢·阿尔辛多的雄鹿队，杀进了总决赛。

西部的湖人队再次杀进总决赛。

上赛季总决赛失利后，湖人队再次换帅，乔·穆兰尼取代范·布雷德·考尔夫。新帅面临严峻考验，因为此时洛杉矶成了一座"伤城"，张伯伦只打了9场比赛就膝盖韧带撕裂，缺席了随后的全部常规赛，埃尔金·贝勒也因伤只出战54场常规赛。如此一来，湖人队的重担几乎落在了杰里·韦斯特一个人肩上。

该赛季韦斯特场均劈下联盟最高的31.2分，但他终究是势单力薄，没能确保湖人队成为西部常规赛冠军——46胜36负，湖人队落后老鹰队两个胜场排在西部第二名。好消息是季后赛开打时，张伯伦和贝勒都伤愈归队。西部半决赛，湖人队一度以1:3落后于太阳队，到了被淘汰的边缘。危难之际，湖人队迸发出强大的自救能力，连赢三场上演惊天大逆转，并在西部决赛中以4:0横扫老鹰队晋级总决赛。

更令湖人队欣喜的是，这次他们的总决赛对手不再是讨厌的凯尔特人队。不过尼克斯队也不好对付，双方战成1:1后，战事移至洛杉矶。

第三战，韦斯特上演了NBA总决赛历史上的经典片段：终场哨响前他18米外远投得手。由于当时NBA还没有三分球规则，这个两分球帮助湖人队扳平比分，把尼克斯队拖进加时。尽管最终尼克斯队111:108拿下了这场比赛，但韦斯特凭借这一球收获了"关键先生"的美名。

第四战湖人队以牙还牙，同样是历经加时取胜。第五战回到纽约进行，尼克斯队遭遇重创，头号球星威利斯·里德上半场拉伤大腿肌肉退出了比赛。不过这反而激发了尼克斯队的斗志，他们在半场落后13分的绝境下奋起反击，以107:100后来居上拿下了天王山战役。

第六战里德作壁上观，张伯伦狂砍45分、27个篮板，韦斯特也取下31分、13次助攻，湖人队135:113大胜，将总比分扳成3∶3平。

接下来，NBA总决赛历史上最不可思议的一幕上演了。第七战，当尼克斯队队员从更衣室里走出来的时候，没有人认为里德会出场比赛。双方跳球前，里德犹如天外来客，一瘸一拐地从甬道中走到了球场内！球迷简直不敢相信自己的眼睛，短暂的沉默过后球馆沸腾了。在与张伯伦的跳球中，里德竟然占据了上风，并命中了尼克斯队的第一个球。

虽然里德全场比赛只得了4分，但他的不屈斗志感染了全队，并彻底打乱了湖人队的既定部署，此时无招胜有招，这些已经足够了。抢七局中弗雷泽如入无人之境，砍下36分、19次助攻，尼克斯队113∶99取胜，捧起了总冠军奖杯。而湖人队再一次错过登顶良机，9年间第7次在总决赛中饮恨。

这个赛季尼克斯队全面丰收，弗雷泽入选了第一阵容，霍尔兹曼当选年度最佳主教练，而威利斯·里德则将常规赛MVP、全明星赛MVP和总决赛MVP一网打尽，成为NBA历史上首位包揽三个MVP头衔的球员。里德在总决赛第七战中神奇归来后，尼克斯队铁血军团的声名不胫而走。

1969—1970赛季排名

东部联盟			
排名	球队	胜	负
1	纽约尼克斯队	60	22
2	密尔沃基雄鹿队	56	26
3	巴尔的摩子弹队	50	32
4	费城76人队	42	40
5	辛辛那提皇家队	36	46
6	波士顿凯尔特人队	34	48
7	底特律活塞队	31	51
西部联盟			
排名	球队	胜	负
1	亚特兰大老鹰队	48	34
2	洛杉矶湖人队	46	36
3	芝加哥公牛队	39	43
4	菲尼克斯太阳队	39	43
5	西雅图超音速队	36	46
6	旧金山勇士队	30	52
7	圣迭戈火箭队	27	55

NBA PLAYOFFS

NBA季后赛 对阵表
1969—1970赛季

The Finals

洛杉矶 湖人队	4			纽约 尼克斯队	4

纽约尼克斯队

洛杉矶湖人队 4 — 洛杉矶湖人队 3 — 纽约尼克斯队 4 — 纽约尼克斯队 4

菲尼克斯太阳队 3

亚特兰大老鹰队 4 — 亚特兰大老鹰队 0

芝加哥公牛队 1

巴尔的摩子弹队 3

密尔沃基雄鹿队 1 — 密尔沃基雄鹿队 4

费城76人队 1

087

NBA继续着扩张壮大的脚步，该赛季布法罗勇敢者队、克利夫兰骑士队、波特兰开拓者队加入联盟。勇敢者队和骑士队被划到东部，开拓者队则被分在了西部。这样一来，NBA的球队数量增至17支，联盟首次划分四个分区，分属于东、西两大联盟。东部联盟包括大西洋赛区和中部赛区，西部联盟包括中西赛区和太平洋赛区。

1965—1966赛季，NBA只有9支球队、108名球员，一年只打360场常规赛。五年过后，NBA有了17支球队、204名球员，一年一共要打697场常规赛。尽管三支新军的战绩分别只有22胜60负、15胜67负和29胜53负，在各自赛区均为倒数，但他们加入联盟的意义却颇为深远，这标志着NBA的扩军取得了实质性进展，当时的分区格局也画就了今日NBA的雏形。

总决赛的两个常客凯尔特人队和湖人队该赛季冰火两重天。凯尔特人新秀中锋戴夫·考恩斯入队，约翰·哈弗里切克和有9年NBA经验的"老戏骨"唐·尼尔森成为锋线首发。人员发生了大的变动后，凯尔特人队风光不再，在该赛季只取得了44胜38负的战绩，被拒

1970—1971

无敌之师！
"大O""天勾"珠联璧合

总冠军：密尔沃基雄鹿队

总决赛MVP：卢·阿尔辛多（雄鹿队）

得分王：卢·阿尔辛多（雄鹿队/31.7分）

篮板王：维尔特·张伯伦（湖人队/18.2个）

助攻王：诺姆·范·莱尔（皇家队/10.2次）

最有价值球员：卢·阿尔辛多（雄鹿队）

最佳新秀：戴夫·考恩斯（凯尔特人队）**吉奥夫·佩特里**（开拓者队）

最佳教练：迪克·莫塔（公牛队）

于季后赛的大门外。凯尔特人队的唯一收获是考恩斯和开拓者队的吉奥夫·佩特里分享了年度最佳新秀，这是历史上第一次有两人同时当选最佳新秀。

湖人队与勇士队、火箭队、超音速队和开拓者队同属太平洋赛区。该赛季张伯伦完全康复，贝勒却因伤只打了两场比赛。幸好海洛德·海皮·海尔斯顿和古德里奇（在太阳队效力两个赛季后又回到了洛杉矶）适时顶了上来，后来成为名帅的帕特·莱利也从开拓者队转投湖人队。

尽管缺了贝勒，湖人队的攻击力依旧强大，韦斯特场均贡献26.9分，张伯伦20.7分，海尔斯顿18.6分，古德里奇17.5分。另外，张伯伦继续霸占篮板榜首位，场均抢下18.2个篮板。常规赛阶段，湖人队以48胜34负夺得太平洋赛区冠军，比排名第二的勇士队多赢了7场。季后赛艰难战胜公牛队后，湖人队止步于西部决赛，输给了阿尔辛多带领的雄鹿队。

得到阿尔辛多后雄鹿队并不满足，该赛季他们又通过交易得到了最后一块拼图：辛辛那提皇家队31岁的超级控卫奥斯卡·罗伯特森。有了"天勾"和"大O"的内外组合，加上格雷格·史密斯、卢卡斯·阿伦和麦克洛克林等精兵强将，雄鹿队的实力空前强大。

阿尔辛多该赛季以场均31.7分加冕得分王，场均16个篮板高居联盟第四，夺得了职业生涯第一座常规赛MVP奖杯。雄鹿队在常规赛无人能敌，豪取66胜16负，成为联盟老大，其间还打出过创纪录的20连胜，同时还是NBA历史上第一支单赛季投篮命中率超过50%的球队。季后赛中雄鹿队风头不减，先后以两个4∶1淘汰掉勇士队和湖人队，晋级总决赛。

赛季开始后，上赛季的总冠军尼克斯队风光无限，取得了31胜11负的成绩，但常规赛最后三个月，球队的胜率为50%。2月2日尼克斯队对阵皇家队的比赛中，里德曾抢下追平队史纪录的33个篮板球。里德和弗雷泽还以首发身份参加了当年的全明星赛。尼克斯队成绩有所下滑，但仍然取得了52场常规赛的胜利，以大西洋赛区头名的身份进入季后赛。

在季后赛中，尼克斯队遭遇子弹队的顽强阻击。双方战成3∶3后，子弹队在麦迪逊广场花园以2分优势拿下抢七局，将上届冠军淘汰出局。子弹队杀进总决赛令人意外，但他们也为此付出了惨重代价，昂塞尔德、埃尔·马龙和约翰逊先后受伤。

在前期职业生涯中，奥斯卡·罗伯特森拿过年度最佳新秀、数次助攻王以及常规赛MVP，就是没能拿到总冠军，他知道这一次机会来了。面对主力中锋昂塞尔德缺阵的子弹队，雄鹿队自然不会错过机会，以4：0砍瓜切菜般登

上巅峰，阿尔辛多当选总决赛MVP。

整个季后赛，雄鹿队只输了两场就成功夺冠。雄鹿队成军仅三年就夺得总冠军，创造了NBA历史上从建队到夺冠用时最短的纪录，同时这也是继1959年后NBA历史上第二次出现总决赛横扫的场景。

1970—1971赛季排名

东部联盟			
排名	球队	胜	负
1	纽约尼克斯队	52	30
2	巴尔的摩子弹队	42	40
3	费城76人队	47	35
4	亚特兰大老鹰队	36	46
5	波士顿凯尔特人队	44	38
6	辛辛那提皇家队	33	49
7	布法罗勇敢者队	22	60
8	克利夫兰骑士队	15	67
西部联盟			
排名	球队	胜	负
1	密尔沃基雄鹿队	66	16
2	洛杉矶湖人队	48	34
3	芝加哥公牛队	51	31
4	旧金山勇士队	41	41
5	菲尼克斯太阳队	48	34
6	底特律活塞队	45	37
7	圣迭戈火箭队	40	42
8	西雅图超音速队	38	44
9	波特兰开拓者队	29	53

注：此为球队进入季后赛的排名，并非单纯按照战绩。（后同）

NBA PLAYOFFS

NBA季后赛 对阵表
1970—1971赛季

West   **E**ast

密尔沃基雄鹿队

密尔沃基雄鹿队 `4`		
旧金山勇士队 `1`	密尔沃基雄鹿队 `4`	
		密尔沃基雄鹿队 `4`
洛杉矶湖人队 `4`	洛杉矶湖人队 `1`	
芝加哥公牛队 `3`		

巴尔的摩子弹队 `0`

	巴尔的摩子弹队 `4`	巴尔的摩子弹队 `4`
		费城76人队 `3`
纽约尼克斯队 `3`		纽约尼克斯队 `4`
		亚特兰大老鹰队 `1`

本赛季有两支球队迁址。火箭队从圣迭戈搬迁到休斯敦，这个城市是美国知名的航天城，队名和城市名无形中结合在了一起。勇士队历史上第二次迁址，从旧金山移往一河之隔的奥克兰，正式更名为金州勇士队。

"金州"是加利福尼亚州的别称，勇士队认为自己是当之无愧的加利福尼亚州之王，于是便以金州——而非奥克兰命名。雄鹿队超级中锋阿尔辛多赛季前皈依伊斯兰教，因此改名为卡里姆·阿卜杜尔·贾巴尔，意思是"真主伟大而谦卑的仆人"。改名后的贾巴尔

蝉联了得分王。

这个赛季成了一代巨星埃尔金·贝勒的告别赛季。在他的鼎盛时期，湖人队始终无法在总决赛中迈过凯尔特人队这一关，尽管他曾10次入选年度最佳阵容，却从来不知总冠军是什么滋味。好不容易等到"绿色王朝"曲终人散，贝勒却被伤病折磨得痛苦不堪。本赛季开始后不久，贝勒再次遭遇严重伤病侵袭，只打了9场比赛后，他觉得再也无法坚持，于是满怀落寞地结束了自己的职业生涯，令人扼腕长叹。命运总是喜欢捉弄人，就是在贝勒离开的

33连胜的窒息感！
湖人队终破魔咒

总冠军：洛杉矶湖人队

总决赛MVP：维尔特·张伯伦（湖人队）

得分王：卡里姆·阿卜杜尔·贾巴尔（雄鹿队/34.8分）

篮板王：维尔特·张伯伦（湖人队/19.2个）

助攻王：杰里·韦斯特（湖人队/9.7次）

最有价值球员：卡里姆·阿卜杜尔·贾巴尔（雄鹿队）

最佳新秀：西德尼·威克斯（开拓者队）

最佳教练：比尔·沙曼（湖人队）

这个赛季，湖人队获得了梦寐以求的总冠军。

湖人队再次更换主教练，曾效力凯尔特人队的前USC（University of Southern California，南加利福尼亚大学）球星比尔·沙曼取代了乔·穆兰尼。尽管贝勒选择退役，但湖人队的首发阵容仍然堪称豪华：海尔斯顿和"二年级生"吉姆·麦克米兰组成锋线，张伯伦坐镇篮下，后场则有韦斯特和古德里奇搭档。

湖人队以6胜3负开局。1971年11月5日，湖人队以110∶106击败了子弹队，这是11月份14连胜的开始。湖人队在12月份更为疯狂：16战全胜。新年过后湖人队再接再厉，连赢三场后以104∶120输给了雄鹿队。33连胜，湖人队就这样于不经意间创造了美国职业运动史上最长的连胜纪录。有趣的是，NBA中上一个连胜场次纪录（20连胜）的保持者正好是终结湖人队33连胜的雄鹿队。

常规赛结束时，湖人队的成绩单上赫然写着69胜13负，这又是联盟的一项新纪录，此前的最高胜率是1966—1967赛季76人队创造的68胜13负。湖人队这个纪录一直保持到了1995—1996赛季，才被公牛队的72胜10负刷新。

本赛季张伯伦的场均得分只有职业生涯新低的14.8分，但他仍以场均19.2个篮板蝉联篮板王，64.9%的投篮命中率也是联盟最高，另外韦斯特场均得到25.8分，以场均9.7次助攻加冕助攻王，他的后卫搭档古德里奇场均也有超过25分的进账。整个常规赛，湖人队在得分、篮板和助攻三项技术统计上都领先全联盟，比尔·沙曼被评为年度最佳教练。

季后赛开始后，湖人队延续了常规赛中的强劲势头，先是横扫了公牛队，又在西部决赛中以4∶2淘汰了贾巴尔率领的雄鹿队，昂首挺进总决赛。

湖人队的总决赛对手是尼克斯队。本赛季尼克斯队又有强手加盟，他就是在子弹队打了四年、转身运球的发明人，有着"黑珍珠"之称的厄尔·门罗。门罗加弗雷泽，尼克斯队的后场异常豪华。然而一开始，门罗与球队的磨合并不好，没有发生计划中的化学反应，因为他很难改掉自己固有的比赛习惯，队友不得不去慢慢适应他。尽管如此，尼克斯队在1972年2月的17场比赛中赢下了12场，让人看到了前总冠军的实力。以48胜34负结束常规赛后，尼克斯队在季后赛先后淘汰子弹队和凯尔特人队，挺进总决赛。

这是尼克斯队1970年首度夺冠后再次和湖人队会师，然而主力中锋威斯利·里德宿命般地再次受伤，让冲冠蒙上了一层阴影。令人大跌眼镜的是，尼克斯队在总决赛首战中以114：92取胜，这让人不由地怀疑，来到洛杉矶的湖人队根本就不会打总决赛。

此后，"伤病"成为本次总决赛的主旋律，第二战尼克斯队损失了迪巴斯切尔，第四战张伯伦受伤，但他轻伤不下火线。这一次湖人队终究没重蹈覆辙，连赢四场，从而以4：1的总比分终于收获总冠军奖杯。这是湖人队自明尼阿波利斯搬到洛杉矶后夺得的第一个总冠军，也是自1953—1954赛季以来首次在总决赛中获胜。张伯伦被评为总决赛MVP。

1971—1972赛季排名

东部联盟			
排名	球队	胜	负
1	波士顿凯尔特人队	56	26
2	巴尔的摩子弹队	38	44
3	纽约尼克斯队	48	34
4	亚特兰大老鹰队	36	46
5	费城76人队	30	52
6	辛辛那提皇家队	30	52
7	克利夫兰骑士队	23	59
8	布法罗勇敢者队	22	60
西部联盟			
排名	球队	胜	负
1	洛杉矶湖人队	69	13
2	密尔沃基雄鹿队	63	19
3	芝加哥公牛队	57	25
4	金州勇士队	51	31
5	菲尼克斯太阳队	49	33
6	西雅图超音速队	47	35
7	休斯敦火箭队	34	48
8	底特律活塞队	26	56
9	波特兰开拓者队	18	64

NBA PLAYOFFS

NBA季后赛 对阵表
1971—1972赛季

West   **E**ast

The Finals

洛杉矶湖人队

洛杉矶
湖人队 `4`
芝加哥
公牛队 `0`

洛杉矶
湖人队 `4`

洛杉矶
湖人队 `4`　纽约
尼克斯队 `1`

密尔沃基
雄鹿队 `4`
金州
勇士队 `1`

密尔沃基
雄鹿队 `2`

纽约
尼克斯队 `4`

波士顿
凯尔特人队 `1`

纽约
尼克斯队 `4`
巴尔的摩
子弹队 `2`

波士顿
凯尔特人队 `4`
亚特兰大
老鹰队 `2`

皇家队在该赛季从辛辛那提迁出，同时在堪萨斯和奥马哈设立主场，球队从此更名为堪萨斯城-奥马哈国王队，并被划到西部，为了平衡起见，火箭队被划到东部。

更换城市后，国王队的"精灵"内特·阿奇巴尔德立马创造奇迹。1970年的选秀大会上，阿奇巴尔德在第二轮第二顺位被皇家队选中。本赛季阿奇巴尔德化为神人，场均轰下34分，还能送出11.4次助攻，两项数据都是联盟最高，"精灵"成为联盟历史上唯一能在同一赛季包揽得分王和助攻王的球员。

另外，阿奇巴尔德场均46分钟的出场时间也是联盟第一。作为控卫，阿奇巴尔德完成这一成就的难度丝毫不低于奥斯卡·罗伯特森的赛季场均三双。

该赛季还发生了一件永载史册的糗事：张伯伦被交易至湖人队后，76人队就逐渐淡出了强队的行列，该赛季核心比利·康宁汉跳槽至ABA的卡罗来纳美洲狮队，球队彻底"散架"，最终只收获9场胜利。9胜73负，这是迄今为止NBA历史上的最差战绩，76人队同时还是第一支单赛季胜场低于10场的球队。

留无数经典！里德与张伯伦的告别

1972—1973

总冠军：**纽约尼克斯队**

总决赛MVP：**威利斯·里德**（尼克斯队）

得分王：**内特·阿奇巴尔德**（国王队/34.0分）

篮板王：**维尔特·张伯伦**（湖人队/18.6个）

助攻王：**内特·阿奇巴尔德**（国王队/11.4次）

最有价值球员：**戴夫·考恩斯**（凯尔特人队）

最佳新秀：**鲍勃·麦卡杜**（勇敢者队）

最佳教练：**汤姆·海因索恩**（凯尔特人队）

出人意料的是，该赛季常规赛表现最好的球队是凯尔特人队。这支老牌劲旅以约翰·哈弗里切克为核心，辅之以年轻新星J.J.怀特和戴夫·考恩斯，以及老将保罗·塞拉斯、1969年总冠军成员唐·尼尔森和桑德斯，开始了后王朝时代的重建旅程。深厚的王朝底蕴保证了凯尔特人队的崛起速度，但当他们以联盟第一的68胜14负——这个战绩仅比湖人上赛季创造的NBA纪录少一个胜场——结束常规赛时，还是引得业界投来惊讶的目光。可惜的是，凯尔特人队并未将神奇保持到最后，他们在东部决赛中被淘汰出局，无缘总决赛。

尼克斯队继续补强阵容，杰里·卢卡斯在一笔交易中来到大苹果城，上赛季因伤只打了11场比赛的威利斯·里德也适时回归。这样一来，尼克斯队的阵容空前豪华：厄尔·门罗和弗雷泽担纲后场，贝尔·布拉德利和德布什切尔司职锋线尖刀，里德和卢卡斯则坐镇禁区，另外还有菲尔·杰克逊这样的得力替补。

该赛季的前四个月，尼克斯队所向披靡，取得了43胜3负的傲人战绩，但在赛季末势头有所减缓，最终以57胜25负、大西洋赛区第二名的成绩结束常规赛。尼克斯队的法宝是防守。在弗雷泽的领导下，尼克斯队场均只让对手得到98.2分，为联盟最低，布拉德利的罚球命中率还创下了队史新高。季后赛中尼克斯队先是以4：1轻取子弹队，随后又以4：3艰难淘汰常规赛老大凯尔特人队，四年来第三次杀入总决赛。

本赛季有三支球队获得了60+的胜场，分别是凯尔特人队（68胜14负）、雄鹿队（60胜22负）和湖人队（60胜22负）。

这三支球队中，湖人队最为坚挺，一路挺进了总决赛。湖人队曾在11月份的12场比赛中全胜，最终以60胜笑傲太平洋赛区。这是张伯伦职业生涯的最后一个赛季，"大帅"临走之前也不肯让出篮板王宝座——这是他13年职业生涯的第11次，另外两次分别被比尔·拉塞尔和埃尔文·海耶斯获得，他还于该赛季成为NBA历史上第一个投篮命中率超过70%（72.7%）的球员。

与上赛季的季后赛相比，湖人队本赛季通往总决赛的道路并不顺畅：西部半决赛苦战七场淘汰公牛队，西部决赛以4：1干掉了勇士队。就这样，湖人队四年来第三次杀进总决赛，巧合的是，三次都是面对尼克斯队。

这届总决赛的进程与前一年完全相反，湖人队以3分优势取得开门红，随后尼克斯队的防守威力彻底显现：接下来四场比赛，湖人队场均送出19次失误，每场比赛的得分都未能过百。尼克斯队连赢四场，以4∶1的总比分完美复仇，为大苹果城带来第二座总冠军奖杯。

威利斯·里德第二度荣膺总决赛MVP后光荣隐退，一代传奇中锋张伯伦也带着31418分和23924个篮板的天文数字离开了球场。

1972—1973赛季排名

东部联盟			
排名	球队	胜	负
1	波士顿凯尔特人队	68	14
2	巴尔的摩子弹队	52	30
3	纽约尼克斯队	57	25
4	亚特兰大老鹰队	46	36
5	休斯敦火箭队	33	49
6	克利夫兰骑士队	32	50
7	布法罗勇敢者队	21	61
8	费城76人队	9	73
西部联盟			
排名	球队	胜	负
1	密尔沃基雄鹿队	60	22
2	洛杉矶湖人队	60	22
3	芝加哥公牛队	51	31
4	金州勇士队	47	35
5	底特律活塞队	40	42
6	菲尼克斯太阳队	38	44
7	堪萨斯城-奥马哈国王队	36	46
8	西雅图超音速队	26	56
9	波特兰开拓者队	21	61

NBA PLAYOFFS

NBA季后赛 对阵表
1972—1973赛季

West　　　　　　　　　　　　　　　　　　　　　　　　　**E**ast

The Finals

纽约尼克斯队

洛杉矶
湖人队 **4**

芝加哥
公牛队 **3**

洛杉矶
湖人队 **4**

金州
勇士队 **4**

密尔沃基
雄鹿队 **2**

金州
勇士队 **1**

洛杉矶
湖人队 **1**

纽约
尼克斯队 **4**

纽约
尼克斯队 **4**

波士顿
凯尔特人队 **3**

纽约
尼克斯队 **4**

巴尔的摩
子弹队 **1**

波士顿
凯尔特人队 **4**

亚特兰大
老鹰队 **2**

这个赛季继续有球队迁徙，子弹队挪往华盛顿，从此更名为首都子弹队。

随着NBA影响力的日渐扩大，电视转播开始介入，美国哥伦比亚广播公司（CBS）以2700万美元的价格买下了三年比赛的转播权，NBA从此走入寻常百姓家。

从这个赛季开始，各项技术统计渐趋完善。NBA参照ABA的规则，开始统计扣篮数。湖人队的埃尔莫·史密斯以场均4.85次扣篮成为历史上第一届扣篮（次数）王，其中他在1973年10月28日对阵开拓者队的比赛中完成了17次扣篮，这个纪录至今无人能破。抢断和盖帽次数也从这个赛季开始被纳入技术统计，计算"四双"成为可能。

张伯伦的退役给湖人队造成了很大影响。为了弥补"大帅"留下的空白，湖人队在选秀大会上签下了颇具潜力的防守型中锋埃尔莫·史密斯——就是上文提到的那个扣篮狂人，同时还换来了康尼·霍金斯，希望能以此加强进攻火力。

湖人队还是未能摆脱伤病问题。咬牙坚持了31场比赛后，35岁的杰

两大后卫退役！
"绿衫军"再夺冠

1973—1974

总冠军：**波士顿凯尔特人队**

总决赛MVP：**约翰·哈弗里切克**（凯尔特人队）

得分王：**鲍勃·麦卡杜**（勇敢者队／30.6分）

篮板王：**埃尔文·海耶斯**（子弹队／18.1个）

助攻王：**埃尔尼·迪格利高里奥**（勇敢者队／8.2次）

最有价值球员：**卡里姆·阿卜杜尔·贾巴尔**（雄鹿队）

最佳新秀：**埃尔尼·迪格利高里奥**（勇敢者队）

最佳教练：**雷·斯科特**（活塞队）

里·韦斯特终于吃不消了，因为腿伤不得不退出了赛季余下的比赛。危难之际古德里奇成了湖人队的头号球星，他场均轰下25.3分，避免了球队过早陷入泥沼。常规赛还剩下七场比赛时，湖人队还比勇士队少赢三场。但常规赛落下帷幕时，湖人队反而多出三个胜场，以47胜35负成为太平洋赛区冠军。遗憾的是，季后赛首轮湖人队只在贾巴尔坐镇的雄鹿队身上赢了一场就被淘汰出局。

张伯伦和威利斯·里德退役，杰里·卢卡斯、奥斯卡·罗伯特森等球星也行将归隐，20世纪70年代本来就是NBA的乱世，加之大多数球星风光不再，重建速度奇快的凯尔特人队趁机脱颖而出。

"绿衫军"的阵容没有大的变化，约翰·哈弗里切克和戴夫·考恩斯带领强大的前场，前者场均砍下22.6分，后者则有15.7个篮板入账，更重要的是，考恩斯能在内线有效地牵制对方中锋。

该赛季常规赛凯尔特人队取胜56场，比上赛季少了足足12场，但仍然是大西洋赛区的冠军。季后赛阶段，凯尔特人队轻松淘汰新军勇敢者队和阵容老化的尼克斯队，自1969年夺冠后首次回

到总决赛。1969年夺得队史上第11个总冠军后，凯尔特人队只在1969—1970赛季胜率低于50%，从1972年开始他们重新夺回大西洋赛区老大的宝座，并且连霸三年，其强大的再生能力令人惊叹。

西部是雄鹿队的天下。贾巴尔场均贡献27.0分、14.5个篮板，第三次当选常规赛MVP，率领雄鹿队以59胜23负排名全联盟第一。季后赛中雄鹿队未遇到多少实质性抵抗，先后以4：1和4：0轻取湖人队和公牛队，继1971年夺冠后再度杀入总决赛。

凯尔特人队vs雄鹿队，这是历史上最伟大的总决赛对决之一，其中贾巴尔和考恩斯的对决尤为引人瞩目。

前四场比赛双方战成2：2，第五战凯尔特人队取胜，他们原本有机会第六战在主场称雄，但伟大的贾巴尔把总决赛的悬念带回了密尔沃基。

第六战，双方开始了你追我赶的赛跑游戏。就在双方都累得快要吐血而亡时，却憋屈地发现，直到第2个加时的读秒阶段，还是谁也摆脱不掉谁。看来必须用绝招了：哈弗里切克命中一球让"绿衫军"领先1分，孰料贾巴尔在还剩3秒时祭出了夺命勾射，雄鹿队以1分胜出。

抢七大战，凯尔特人队转变防守

策略，不惜用双人甚至三人去包夹贾巴尔，同时让考恩斯加强火力，攻城拔寨的同时也消耗"天勾"的精力。此举收到奇效，考恩斯不负众望砍下28分，凯尔特人队得到队史第12座总冠军奖杯，34岁的哈弗里切克当选总决赛MVP。

本赛季又有两名超级球星退出历史舞台，杰里·韦斯特和奥斯卡·罗伯特森，这两名超级后卫同一年进入NBA，又在同一年离去，他们留下了一大堆惊艳的数据和无数的经典镜头，这对"黑白双煞"的传奇故事将永远被球迷、被NBA历史铭记。

1973—1974赛季排名

东部联盟			
排名	球队	胜	负
1	波士顿凯尔特人队	56	26
2	首都子弹队	47	35
3	纽约尼克斯队	49	33
4	布法罗勇敢者队	42	40
5	亚特兰大老鹰队	35	47
6	休斯敦火箭队	32	50
7	克利夫兰骑士队	29	53
8	费城76人队	25	57
西部联盟			
排名	球队	胜	负
1	密尔沃基雄鹿队	59	23
2	洛杉矶湖人队	47	35
3	芝加哥公牛队	54	28
4	底特律活塞队	52	30
5	金州勇士队	44	38
6	西雅图超音速队	36	46
7	堪萨斯城-奥马哈国王队	33	49
8	菲尼克斯太阳队	30	52
9	波特兰开拓者队	27	55

NBA PLAYOFFS

NBA季后赛 对阵表
1973—1974赛季

West   **E**ast

The Finals

波士顿凯尔特人队

密尔沃基
雄鹿队 `4`

洛杉矶
湖人队 `1`

密尔沃基
雄鹿队 `4`

芝加哥
公牛队 `4`

底特律
活塞队 `3`

芝加哥
公牛队 `0`

密尔沃基
雄鹿队 `3`

波士顿
凯尔特人队 `4`

波士顿
凯尔特人队 `4`

纽约
尼克斯队 `1`

波士顿
凯尔特人队 `4`

布法罗
勇敢者队 `2`

纽约
尼克斯队 `4`

首都
子弹队 `3`

前面说过，抢断和盖帽被纳入技术统计的最直接意义就是使统计"四双"成为可能。本赛季历史上第一个"四双"问世，它的主人是刚被勇士队交易至公牛队的中锋内特·瑟蒙德。1974年10月18日，瑟蒙德在对阵老鹰队的比赛中，疯狂地砍下22分、14个篮板、13次助攻和12次盖帽，完成了NBA历史上官方统计的第一次"四双"。

杰里·韦斯特和奥斯卡·罗伯特森退役后，湖人队和雄鹿队双双跌入谷底。该赛季湖人队签下了凯兹尔·拉塞尔，但他只打了40场比赛就因为膝伤结束了整个赛季。尽管新加盟的卢修

斯·阿伦和古德里奇都有不俗发挥，两人场均分别拿下19.5分和22.6分，湖人队还是创下了自1966—1967赛季以来的最差战绩：30胜52负，并且自1957—1958赛季以来首次无缘季后赛。雄鹿队更惨，贾巴尔开局即伤，全队松散如细沙，"天勾"回归也无力挽回颓势。堂堂的上赛季总决赛球队，好歹凑了38胜，屈尊当起了中西区副班长。

子弹队在该赛季迎来队史上第四次改名：华盛顿子弹队。似乎是更名带来了好运，子弹队在这个赛季风头出尽，常规赛阶段取得了联盟最高的60胜。季后赛首轮，子弹队遭遇得分王鲍

1974—1975

巴里，一个人的表演！
勇士队称王

总冠军： 金州勇士队

总决赛MVP： 里克·巴里（勇士队）

得分王： 鲍勃·麦卡杜（勇敢者队/34.5分）

篮板王： 韦斯·昂塞尔德（子弹队/14.8个）

助攻王： 凯文·波特（子弹队/8.0次）

最有价值球员： 鲍勃·麦卡杜（勇敢者队）

最佳新秀： 贾马尔·威克斯（勇士队）

最佳教练： 菲尔·约翰逊（国王队）

勃·麦卡杜率领的勇敢者队，缠斗七场后涉险过关。

上赛季冠军凯尔特人队同样取得了60胜，他们在季后赛首轮以4:1轻松淘汰火箭队后，与子弹队在东部决赛中遭遇。子弹队凭借埃尔文·海耶斯（1972年被火箭队交易至子弹队）和菲尔·彻内尔的内外开花，以4:2的总比分击败凯尔特人队，杀进了总决赛。

本赛季属于里克·巴里和勇士队。

不妨先说一下巴里在ABA的经历。1967年，巴里在老丈人黑勒——他的大学教练，同时也是ABA橡树队的主教练——的鼓动下从NBA来到ABA，心有不甘的NBA将其告到了法院。由于法院一时难以决断，官司未了的巴里来到ABA后的第一个赛季无球可打，只能坐在场边给老丈人当起了啦啦队员。这次跳槽造成了很大的负面影响，有人指责巴里太过贪钱，不过据他本人说，跳槽与美元无关，勇士队其实开出了同样的薪金，他只是因为岳父的关系才决定投奔。让人哭笑不得的是，第二年巴里可以名正言顺地打ABA比赛的时候，老丈人却被橡树队解雇了。那一年巴里在MVP评选中落后于印第安纳的丹尼尔斯屈居次席，但仍以场均34.0分成为历史上第一个先后在两个联盟拿到得分王的球

员。在经历一系列合同纠纷后，巴里于1972年重返NBA，加盟了金州勇士队。

这个赛季，也就是1974—1975赛季，里克·巴里的职业生涯达到巅峰，他场均得到联盟第二高的30.6分，90.4%的罚球命中率和2.85次抢断都是联盟第一。

联盟陷入混乱，新生力量看到了改变命运的曙光，最为饥渴的无疑就是这支勇士队。主教练阿特里斯从1960年起就在勇士队效力，退役后又继续留在队中担任主教练，他以年届三十岁、攻击力骇人的里克·巴里为核心，再配备一帮实力不俗、功能各异、协作紧密的角色球员，搭建起了一套具备可观战斗力的阵容——用老将内特·瑟蒙德从公牛队换来的年轻中锋克利福、作风勇猛的后卫博尔德、来自UCLA的新秀前锋贾玛尔·威尔肯斯以及来自加利福尼亚大学的后卫查尔斯·约翰逊，这些人都能为巴里分担忧愁。水到渠成般，勇士队在常规赛中场均得到联盟最高的108.5分，48胜34负排名西部第一。季后赛中，勇士队先后以4:2和4:3淘汰比尔·拉塞尔执教的超音速队和才华横溢的公牛队，跻身总决赛舞台。

事实上，连奥克兰人也没料到勇士队能一路飙进总决赛，以至于主场

球馆早就预定给另一项大型活动了。无奈之下，勇士队主场的比赛只得在旧金山的球馆进行。从实力对比上看，这并不奇怪，子弹队拥有海耶斯和彻内尔的内外配合，还有篮板王昂塞尔德和助攻王凯文·波特等精兵强将。然而很少有人能料到，"弱者"勇士队在总决赛中势如破竹，以4∶0横扫强敌登顶，这是有史以来第三次在总决赛中出现横扫的情况。

1974—1975赛季排名

东部联盟			
排名	球队	胜	负
1	波士顿凯尔特人队	60	22
2	华盛顿子弹队	60	22
3	布法罗勇敢者队	49	33
4	休斯敦火箭队	41	41
5	纽约尼克斯队	40	42
6	克利夫兰骑士队	40	42
7	费城76人队	34	48
8	亚特兰大老鹰队	31	51
9	新奥尔良爵士队	23	59
西部联盟			
排名	球队	胜	负
1	金州勇士队	48	34
2	芝加哥公牛队	47	35
3	堪萨斯城-奥马哈国王队	44	38
4	西雅图超音速队	43	39
5	底特律活塞队	40	42
6	波特兰开拓者队	38	44
7	密尔沃基雄鹿队	38	44
8	菲尼克斯太阳队	32	50
9	洛杉矶湖人队	30	52

NBA PLAYOFFS

NBA季后赛 对阵表
1974—1975赛季

West   **East**

The Finals

金州勇士队

金州 勇士队	4						华盛顿 子弹队	4
		金州 勇士队	4		华盛顿 子弹队	4	
西雅图 超音速队	2						布法罗 勇敢者队	3
				金州 勇士队 4	华盛顿 子弹队 0		
芝加哥 公牛队	4						波士顿 凯尔特人队	4
		芝加哥 公牛队	3		波士顿 凯尔特人队	2	
堪萨斯城-奥马哈 国王队	2						休斯敦 火箭队	1

NBA高层发生重要人事变动，拉里·奥布莱恩接替沃尔特·肯尼迪，成为联盟第三任总裁。

奥布莱恩上任后的第一件事情就是策反ABA，最终纽约篮网队和丹佛掘金队同意从ABA投奔NBA，尽管他们本赛季未能成行，但已从根基上动摇了ABA，这也可看作ABA归顺NBA的前奏。该赛季国王队取消了设在奥马哈的主场，将队名确定为堪萨斯城国王队。

在很多人看来，勇士队上赛季夺冠纯属侥幸，他们在本赛季对此做出了强有力的回应：59胜23负，胜率高居联盟第一。尽管如此，这个赛季最引人瞩目的球队却是湖人队和凯尔特人队，两支历史王朝球队都有重磅交易。

以今天的眼光看，湖人队有窃取长人的传统，他们总能培养出血统纯正的超级外线，但那些在队史甚至是NBA历史留名的超级中锋，一般都是通过交易获得的。

张伯伦退役后，湖人队又将目光瞄准了"一手遮天"的贾巴尔。1974—1975赛季结束后，贾巴尔明确表示不会再回到雄鹿队，他主动要求交易到正在崛起的纽约或者他读大学时所在的洛杉矶。湖人队高管得知后窃喜，正所谓"踏破铁鞋无觅处，得来全不费工

1975—1976

一个非法的暂停！
一场马拉松战役

总冠军：波士顿凯尔特人队

总决赛MVP：J.J.怀特（凯尔特人队）

得分王：鲍勃·麦卡杜（勇敢者队/31.1分）

篮板王：卡里姆·阿卜杜尔·贾巴尔（湖人队/16.9个）

助攻王：唐纳德·沃斯（超音速队/8.1次）

最有价值球员：卡里姆·阿卜杜尔·贾巴尔（湖人队）

最佳新秀：阿尔万·亚当斯（太阳队）

最佳教练：比尔·菲奇（骑士队）

夫"，于是用史密斯、B.温特斯、布莱德格曼以及迈耶斯四名球员做筹码，忙不迭地换来了这个镇队之宝。

来到洛杉矶后，贾巴尔继续着帝王级表演，这个赛季他在篮板、盖帽和上场时间三项数据统计上高居联盟第一，得分和投篮命中率同列第二，被评为常规赛MVP。但篮球终究是五个人的团队比赛，贾巴尔的风生水起救不了湖人队。1976年1月份，湖人队竟然只有可怜的3胜10负，最终以40胜42负结束常规赛，无缘季后赛。雄鹿队反而成为交易的最大受益者，他们从上一年的倒数球队跃升至赛区冠军。

赛季开始前，唐·钱尼离开凯尔特人队，加盟了ABA。为了填补因此而留下的后场空缺，凯尔特人队用保罗·韦斯特法尔换来了太阳队的查理·斯科特。斯科特是个值得信赖的家伙，之前三个赛季，他的场均得分都超过了20分。虽然凯尔特人队的替补与之前几个赛季难以相提并论，但他们依然以联盟第二的54胜28负成为分区冠军。季后赛中"绿衫军"势不可当，先后淘汰了拥有得分王麦卡杜的勇敢者队和骑士队，挺进了总决赛。

巧合的是，凯尔特人队的总决赛对手正是休赛期的交易对象太阳队。尽管太阳队拥有年度最佳新秀艾伦·亚当斯，但他们的常规赛战绩只有42胜40负，没人能猜到他们会成为该赛季的黑马。NBA历史上以弱克强的案例数不胜数，该赛季的太阳队就是典型代表，他们连胜超音速队和勇士队，跻身总决赛。

总决赛凯尔特人队先声夺人，连胜两场，太阳队接下来还以颜色，将总比分扳成2：2。

第五战是总决赛历史上的名局。常规时间还剩不到1分钟，太阳队落后5分，天王山眼看就要失守，凯尔特人队旧将韦斯特法尔站了出来，他以一人之力力挽狂澜，帮助新东家追平比分，把比赛拖进加时。加时赛两队还是未分胜负，于是比赛来到第二个加时。第二个加时的最后时刻，约翰·哈弗里切克投篮命中，110：109，凯尔特人队反超1分。胜利似乎是板上钉钉，激动的波士顿球迷纷纷跳进球场准备狂欢，但官方规则规定需要将时间倒拨回1秒钟。清理完球场后，比赛继续，总决赛历史上最令人意外的一幕发生了：太阳队的韦斯特法尔叫了一个非法暂停，J.J.怀特罚中技术罚球，凯尔特人队领先2分。几乎所有人都以为韦斯特法尔此举是紧张所致，但殊不知里面另有深意——太阳队获得了在半场发界外球的权利。球发出后，盖尔·赫德接长传直捣黄龙，太阳队神奇地将比分扳平，比赛进入第三个加时。遗憾的是，太阳队在第三个加时中疲态尽显，"绿衫军"的替补前锋麦克唐纳独取6分，128∶126，鏖战终于结束。

太阳队输掉了这场"马拉松式"战役，也输掉了斗志和元气，凯尔特人队最终以4∶2的总比分捧起了队史上第13座总冠军奖杯，J.J.怀特当选为总决赛MVP。

1975—1976赛季排名

东部联盟			
排名	球队	胜	负
1	波士顿凯尔特人队	54	28
2	克利夫兰骑士队	49	33
3	华盛顿子弹队	48	34
4	布法罗勇敢者队	46	36
5	费城76人队	46	36
6	休斯敦火箭队	40	42
7	新奥尔良爵士队	38	44
8	纽约尼克斯队	38	44
9	亚特兰大老鹰队	29	53
西部联盟			
排名	球队	胜	负
1	金州勇士队	59	23
2	密尔沃基雄鹿队	38	44
3	西雅图超音速队	43	39
4	菲尼克斯太阳队	42	40
5	底特律活塞队	36	46
6	洛杉矶湖人队	40	42
7	波特兰开拓者队	37	45
8	堪萨斯城国王队	31	51
9	芝加哥公牛队	24	58

NBA PLAYOFFS

NBA季后赛 对阵表
1975—1976赛季

West   **E**ast

The Finals

波士顿凯尔特人队

菲尼克斯太阳队 `4`

西雅图超音速队 `2`

菲尼克斯太阳队 `4`

金州勇士队 `4`

底特律活塞队 `2`

金州勇士队 `3`

菲尼克斯太阳队 `2` — 波士顿凯尔特人队 `4`

波士顿凯尔特人队

克利夫兰骑士队 `2`

波士顿凯尔特人队 `4`

布法罗勇敢者队 `2`

克利夫兰骑士队 `4`

华盛顿子弹队 `3`

波士顿凯尔特人队 `4`

旷日持久的拉锯战后，NBA终于在1976年吞并ABA，完成大一统。四支原ABA球队纽约篮网队、印第安纳步行者队、圣安东尼奥马刺队和丹佛掘金队在交了320万美元的会费后，正式被批准加入NBA。

篮网队和马刺队被划归东部，步行者队和掘金队被分在了西部。这四支球队处子赛季的战绩分别为22胜60负（篮网队）、44胜38负（马刺队）、50胜32负（掘金队）和36胜46负（步行者队）。另外新奥尔良爵士队也于1974—1975赛季加入NBA，这样一来NBA有了

22支球队，成为独霸全美的职业篮球联盟。季后赛赛制做出相应调整，共有12支球队可以进入季后赛，四个赛区的头名首轮轮空。

NBA吞并ABA后的最直观后果是大量球星涌入。较之NBA，前ABA的球星更多，打法更为花哨，给人的感官刺激更强。ABA不复存在，这些球星被NBA通过"疏散选秀"充实进了各支球队，其中"火车"阿蒂斯·吉尔摩、"J博士"朱利叶斯·欧文和莫里斯·卢卡斯等人都是其中的佼佼者，后两人还帮助76人队和开拓者队打进了总决赛。

1976—1977

NBA迎"大一统"！开拓者队惊天泣鬼

总冠军：**波特兰开拓者队**

总决赛MVP：**比尔·沃顿**（开拓者队）

得分王：**皮特·马拉维奇**（爵士队/31.1分）

篮板王：**比尔·沃顿**（开拓者队/14.4个）

助攻王：**唐·布斯**（步行者队/8.5次）

最有价值球员：**卡里姆·阿卜杜尔·贾巴尔**（湖人队）

最佳新秀：**阿德里安·丹特利**（勇敢者队）

最佳教练：**汤姆·尼索克**（火箭队）

身高2.01米的朱利叶斯·欧文是公认的篮球天才，他是典型的"在篮筐上面打球"的球员，其最大的贡献是将滞空和飞翔的动作引入赛场，开创了艺术篮球的先河。大学期间，欧文场场都能砍下20+20（场均得分超过20分，篮板数超过20个），这样的球星在美国篮球史上仅有6人。1974年和1976年，欧文两次率领纽约篮网队夺得ABA总冠军。NBA吞并ABA后，欧文来到了费城76人队。在欧文的率领下，76人队豪取东部最好的50胜32负，一路杀进了该赛季的总决赛。

莫里斯·卢卡斯的助推作用更大，他来到开拓者队后极大地解放了伤病缠身的比尔·沃顿。

沃顿是1974年的选秀状元，他来到开拓者队后也确实征服了波特兰球迷。菜鸟赛季的前七场比赛，沃顿场均砍下16.0分、19.0个篮板、4.4次助攻和4.0次盖帽，俨然是天王巨星。然而病魔从此缠上了沃顿，新秀赛季他只打了35场比赛。第二个赛季，沃顿场均贡献16.1分、13.4个篮板，但因伤只打了51场比赛。

到了这个赛季，有了靠谱帮手的沃顿终于井喷般爆发，这个不善言辞、留着胡须和马尾辫的男人场均攻下18.6分之余，还以场均14.4个篮板和3.3次盖帽包揽两顶王冠，并入选了最佳阵容第二队和最佳防守阵容。

赛季开始前，99%的球迷都认为开拓者队是一支从来没准备好要打NBA的球队，过去六年他们平均每个赛季只能赢28场球。但实际情况是，沃顿和卢卡斯构架起恐怖前场，开拓者队的进攻能力堪称恐怖。常规赛结束时人们猛然发现，这支前一赛季还是太平洋赛区倒数第一名的球队，竟一下子攀爬到了赛区第二名的位置。

更神奇的事情还在后面，季后赛开拓者队连克天资卓越的掘金队和贾巴尔带领的湖人队，破天荒地跻身总决赛。开拓者队所到之处，兴奋的球迷无不谈论这个神奇的赛季和他们亲爱的比尔·沃顿，这就是历史上著名的"开拓者热（Blazermania）"。

"神奇！"面对开拓者队的表现，你只能用这个词来形容。总决赛开打后，开拓者队先输两场，随后惊天地泣鬼神地连赢四场——在总决赛历史上，仅有波士顿凯尔特人队在1969年对阵洛杉矶湖人队时完成过这一逆转伟业。

在关键的第六战中，76人队曾有机会把比赛拖进加时，但朱利叶斯·欧文和队友接连中投不中，眼睁睁看着开拓者队登上王座。这是开拓者队队史上唯一的总冠军，沃顿当之无愧地被评选为总决赛MVP，令第六战独劈40分的"J博士"相对黯然。

值得一提的是，"手枪"皮特·马拉维奇打出了职业生涯最好的一个赛季。该赛季马拉维奇出战73场，以场均31.1分成为得分王，他总共有13场比赛得到40+，在总得分（2273分）、总出手次数（2047次）以及罚球命中数（501个）上都排名联盟第一。尤其是1977年2月5日这天，面对防守高手弗雷泽的防守，马拉维奇砍下68分。该赛季，马拉维奇重回全明星赛，并连续第二年入选了最佳阵容第二队。

1976—1977赛季排名

东部联盟			
排名	球队	胜	负
1	费城76人队	50	32
2	休斯敦火箭队	49	33
3	华盛顿子弹队	48	34
4	波士顿凯尔特人队	44	38
5	圣安东尼奥马刺队	44	38
6	克利夫兰骑士队	43	39
7	纽约尼克斯队	40	42
8	新奥尔良爵士队	35	47
9	亚特兰大老鹰队	31	51
10	布法罗勇敢者队	30	52
11	纽约篮网队	22	60
西部联盟			
排名	球队	胜	负
1	洛杉矶湖人队	53	29
2	丹佛掘金队	50	32
3	波特兰开拓者队	49	33
4	金州勇士队	46	36
5	底特律活塞队	44	38
6	芝加哥公牛队	44	38
7	西雅图超音速队	40	42
8	堪萨斯城国王队	40	42
9	印第安纳步行者队	36	46
10	菲尼克斯太阳队	34	48
11	密尔沃基雄鹿队	30	52

NBA PLAYOFFS

NBA季后赛 对阵表
1976—1977赛季

West   **E**ast

The Finals

波特兰开拓者队

波特兰开拓者队 **2**
芝加哥公牛队 **1**

波特兰开拓者队 **4**
丹佛掘金队 **2**

波特兰开拓者队 **4**

洛杉矶湖人队 **4**
金州勇士队 **3**

金州勇士队 **2**
底特律活塞队 **1**

洛杉矶湖人队 **0**

波特兰开拓者队 **4**   费城76人队 **2**

费城76人队 **2**

费城76人队 **4**
波士顿凯尔特人队 **3**

休斯敦火箭队 **4**
华盛顿子弹队 **2**

费城76人队 **4**

波士顿凯尔特人队 **2**
圣安东尼奥马刺队 **0**

华盛顿子弹队 **2**
克利夫兰骑士队 **1**

本赛季纽约篮网队迁往与纽约一河之隔的新泽西州，更名为新泽西篮网队。这只是一个小小插曲，本赛季的三大主题是得分王之争、球场暴力和黑马对决。

本赛季的得分王争夺在马刺队的"冰人"乔治·格文和掘金队的"天行者"大卫·汤普森之间展开。直到赛季末的时候，两人的场均得分还是毫厘之差，即使在两人都还剩一场常规赛要打的时候，也没人敢拍着胸脯预测谁是最终的得分王。巧合的是，马刺队和掘金队的最后一场常规赛并不是同时进行，

这也给两人的飙分好戏埋下了伏笔。

1978年4月9日，掘金队对阵活塞队，背负着抢分压力的汤普森全速开启飙分模式，比赛结束，他的统计单上赫然写着"73分"。凭借着这73分，汤普森本赛季的场均得分达到了27.15分，这同时也意味着：格文只有在接下来开打的比赛中拿到58分以上，才能成为得分王。

1978年4月9日，马刺队对阵爵士队，格文登场了。面对唾手可得的荣誉，格文当然不想轻易放过，比赛一开始就极具攻击欲望。要命的是，格文那

黑马神奇夺冠！
最惨烈得分王之争

1977—1978

总冠军：华盛顿子弹队

总决赛MVP：韦斯·昂塞尔德（子弹队）

得分王：乔治·格文（马刺队/27.2分）

篮板王：特拉克·罗宾逊（爵士队/15.7个）

助攻王：凯文·波特（活塞队、篮网队/10.2次）

最有价值球员：比尔·沃顿（开拓者队）

最佳新秀：沃尔特·戴维斯（太阳队）

最佳教练：胡比·布朗（老鹰队）

一天的手感似乎很凉，前6次投篮竟然无一命中。照这种势头下去，想要得到58分根本不可能，于是格文主动示意队友他已经放弃了追赶汤普森的努力。孰料队友置若罔闻，仍然源源不断地把球传给他。好的苗头是，随着比赛的深入，格文逐渐找回了手感，第二节竟然单节劈下了前无古人的33分。

单节33分，这项纪录直到2015年1月4日才被金州勇士队的克莱·汤普森以单节37分打破。

有趣的是，原先的单节得分纪录正是前一天大卫·汤普森缔造的32分。最终格文在这场比赛中砍下了63分，场均得分达到27.22分，以微弱优势加冕得分王。27.22vs27.15，这是NBA历史上最为激烈的得分王之争。同时，格文在这个赛季的MVP评选中排名第二。

本赛季发生了两件严重的赛场暴力事件，都与湖人队有关。

第一件是湖人队中锋贾巴尔因为无法忍受雄鹿队新秀中锋科特·本森的挑逗而挥起了老拳，这位仁兄不太会掐架，自己弄了个手骨骨折不说，还被奥布莱恩总裁罚了5000美金以儆效尤。贾巴尔"光荣"负伤后缺席了20场比赛，给球队造成了巨大损失。

更臭名昭著的一幕发生在1977年12月10日，这一天湖人队vs火箭队，又是贾巴尔，他和凯文·昆内特大打出手，引发两队大规模暴乱。火箭队的明星前锋鲁迪·汤姆贾诺维奇眼见要发生大事，赶忙上去劝架。但此时场面乱作一团，湖人队科米特·华盛顿见有人上前，以为是来干架的，挥出一记力道十足的摆拳，狠狠击中鲁迪面门。倒霉的鲁迪根本毫无防备，被打得头盖骨变形，当场休克，医生后来说："当时鲁迪的脑浆都渗出来了。"他最终经过五个月的治疗方才脱离生命危险，职业生涯几乎因此报废，令人扼腕。肇事者华盛顿被禁赛两个月，从此一生背上骂名。

两次暴力事件都与湖人队有关并不是偶然的。湖人队在赛季前半段一直处于挣扎状态，心态失衡之下难免会肾上腺素飙升。到了赛季后半段，湖人队的状态有所回升，一度打出28胜13负的战绩。常规赛以45胜37负收官后，湖人队在季后赛首轮负于超音速队，草草收场。

本赛季开拓者队以58胜24负排名联盟第一，但在季后赛中有多名球员受伤，战斗力大为削减，尤其是核心比尔·沃顿的伤情直接导致他们被超音速队以4：2淘汰。

这年的总决赛在两匹黑马——超音速队和子弹队之间展开。超音速队的常规赛战绩是47胜35负，而子弹队更是只有44胜38负，谁也不会想到，两支在常规赛中规中矩的球队竟所向披靡，会师总决赛。因此可以说，这届总决赛是黑马之间的角逐，是看哪匹马更黑一些。

事实证明，子弹队才是最黑的那匹马，他们苦战七场，以4∶3的总比分登顶，赢得了队史上唯一的总冠军。其中第四战创造了当时NBA总决赛历史上的最多球迷观战纪录，共有39457名球迷到场看球。韦斯·昂塞尔德当选总决赛MVP。

在此之前，子弹队曾经两次闯进总决赛，但均以被横扫的结局而告终，这一次他们是在大比分2∶3落后的情况下逆转夺冠。时隔多年之后，美国著名网站"体育2008"曾评选出NBA历史上最神奇的5支总冠军球队，这一年的子弹队赫然在列。

1977—1978赛季排名

东部联盟			
排名	球队	胜	负
1	费城76人队	55	27
2	圣安东尼奥马刺队	52	30
3	华盛顿子弹队	44	38
4	克利夫兰骑士队	43	39
5	纽约尼克斯队	43	39
6	亚特兰大老鹰队	41	41
7	新奥尔良爵士队	39	43
8	波士顿凯尔特人队	32	50
9	休斯敦火箭队	28	54
10	布法罗勇敢者队	27	55
11	新泽西篮网队	24	58

西部联盟			
排名	球队	胜	负
1	波特兰开拓者队	58	24
2	丹佛掘金队	48	34
3	菲尼克斯太阳队	49	33
4	西雅图超音速队	47	35
5	洛杉矶湖人队	45	37
6	密尔沃基雄鹿队	44	38
7	金州勇士队	43	39
8	芝加哥公牛队	40	42
9	底特律活塞队	38	44
10	印第安纳步行者队	31	51
11	堪萨斯城国王队	31	51

NBA PLAYOFFS

NBA季后赛 对阵表
1977—1978赛季

West   **E**ast

西雅图
超音速队 2

西雅图
超音速队 4

洛杉矶
湖人队 1

西雅图
超音速队 4

波特兰
开拓者队 2

西雅图
超音速队 4

The Finals

华盛顿子弹队

西雅图
超音速队 3

华盛顿
子弹队 4

华盛顿
子弹队 2

华盛顿
子弹队 4

亚特兰大
老鹰队 0

华盛顿
子弹队 4

圣安东尼奥
马刺队 2

华盛顿
子弹队 4

费城
76人队 2

费城
76人队 4

纽约
尼克斯队 0

纽约
尼克斯队 2

克利夫兰
骑士队 0

丹佛
掘金队 4

丹佛
掘金队 2

密尔沃基
雄鹿队 2

密尔沃基
雄鹿队 3

菲尼克斯
太阳队 0

NBA版图又发生了变化。布法罗勇敢者队搬迁至圣迭戈，更名为圣迭戈快船队，从此成为西部球队。为了平衡起见，底特律活塞队被划到东部，成为中部赛区球队，华盛顿子弹队被分到大西洋赛区。

火箭队的摩西·马龙井喷般爆发，打出职业生涯最炫的一个赛季。

马龙加盟火箭队其实很偶然。1976年，NBA吞并ABA，开拓者队利用"驱散条例"在第5顺位选中了马龙。然而马龙还没来得及为开拓者队打比赛，就被送到了布法罗勇敢者队。折腾还没有结束，仅仅两场比赛过后，火箭队用两个未来首轮选秀权将马龙换到了休斯敦。

来到火箭队的首个赛季，马龙就锋芒初露，场均斩下13.2分、联盟第三的13.1个篮板和2.21次盖帽，赛季437个进攻篮板还创造了联盟的新纪录。次年马龙因伤错过了最后23场比赛，不过他场均仍然抢下了联盟第二的15个篮板。到了这个赛季，也就是1978—1979赛季，马龙进一步爆发，凭借场均24.8分、17.6个篮板收获了第一座常规赛MVP奖杯。他的场均得分排在第五位，

刺激的半决赛！
超音速队华丽夺冠

总冠军： 西雅图超音速队

总决赛MVP： 丹尼斯·约翰逊（超音速队）

得分王： 乔治·格文（马刺队/29.6分）

篮板王： 摩西·马龙（火箭队/17.6个）

助攻王： 凯文·波特（活塞队/13.4次）

最有价值球员： 摩西·马龙（火箭队）

最佳新秀： 菲尔·福特（国王队）

最佳教练： 科顿·菲茨西蒙斯（国王队）

54%的投篮命中率是职业生涯新高，场均篮板更是位居联盟首席，赛季进攻篮板总数达到了587个。1979年2月9日，火箭队对阵爵士队，马龙成为篮板超人，独抓职业生涯最高的37个篮板。

该赛季得分王仍然属于马刺队的乔治·格文，他场均能得到29.6分，并在MVP评选中仅逊于火箭队的摩西·马龙。在格文的带领下，马刺队常规赛称雄中部赛区，并在分区半决赛中淘汰了76人队。这一次格文和他的马刺队离总决赛非常近，东部决赛中曾以3∶1领先子弹队。然而出人意料的是，子弹队随后展开绝地大反击，连赢三场实现惊天大逆转。后三场比赛打得惨烈异常，子弹队三战总共才赢了14分。

西部的最终冠军是超音速队。常规赛阶段，堪萨斯城国王队称雄中西赛区，上赛季杀入总决赛的超音速队以52胜30负成为太平洋赛区老大。到了季后赛，国王队遭遇由韦斯特法尔带领的太阳队，以1∶4惨败。超音速队如愿过关后，在西部决赛中碰到了太阳队。两队杀得地动山摇，超音速队先赢两局，太阳队又连扳三场。最终超音速队技高一筹，再赢两场后以4∶3胜出，连续两年与子弹队会师总决赛。

总决赛第一场，子弹队凭借拉里·莱特最后时刻的两记罚球以99∶97险胜，取得1∶0领先。但一腔复仇怒火的超音速队也不是吃素的，他们拥有得分手威廉姆斯、篮板手杰克·斯卡玛、远投手弗莱德·布朗、主帅伦尼·威尔肯斯极为欣赏的前凯尔特人队前锋保罗·塞拉斯……也算是兵强马壮，配置豪华。出师不利后，超音速队连赢四场，以4∶1实现完美复仇，领袖丹尼斯·约翰逊荣膺总决赛MVP。

但下面这件事或许更为重要，因为这为20世纪80年代的"黑白争雄"埋下了伏笔：总能发现牛人挽球队于既倒的凯尔特人队在1978年选秀大会上又有惊人之笔，在首轮第6顺位签下了印第安纳州立大学的拉里·伯德，而后者却并不能马上兑现战力，要到一个赛季之后才能披上绿袍。

看看伯德在大学期间的表现，你就明白凯尔特人队为什么这么心急火燎地签下他了。

高中时代伯德就是家喻户晓的篮球明星，他毕业那年创造了新的得分纪录，最后一次参加学校的主场比赛时，竟有4000多名球迷到现场观战。换了两所大学后，伯德最后选择了印第安纳州立大学。伯德在州大的主场处子秀就吸引了3100名球迷，而他也没令大家失望，几乎凭借一己之力助球队反败为胜。在代表无花果队（印第安纳州立大学校队队名）参加的第一项赛事里，伯德就有场均30+10（30分、10个篮板球）的惊人数据。正因有了伯德，球队整个赛季的球票销售额翻了三倍，电视台用他的精彩片段取代了广告，学生也纷纷翘课去排队买票。

当然，伯德最为曼妙的演出发生在他被凯尔特人队选中后的那一个赛季，他和那个一生的对手、身高2.06米的黑人控卫携手上演了NCAA决赛历史上少有的名局之一。

1978—1979赛季排名

东部联盟			
排名	球队	胜	负
1	华盛顿子弹队	54	28
2	圣安东尼奥马刺队	48	34
3	休斯敦火箭队	47	35
4	费城76人队	47	35
5	亚特兰大老鹰队	46	36
6	新泽西篮网队	37	45
7	纽约尼克斯队	31	51
8	克利夫兰骑士队	30	52
9	底特律活塞队	30	52
10	波士顿凯尔特人队	29	53
11	新奥尔良爵士队	26	56
西部联盟			
排名	球队	胜	负
1	西雅图超音速队	52	30
2	堪萨斯城国王队	48	34
3	菲尼克斯太阳队	50	32
4	丹佛掘金队	47	35
5	洛杉矶湖人队	47	35
6	波特兰开拓者队	45	37
7	圣迭戈快船队	43	39
8	印第安纳步行者队	38	44
9	密尔沃基雄鹿队	38	44
10	金州勇士队	38	44
11	芝加哥公牛队	31	51

NBA季后赛 对阵表
1978—1979赛季

West   **E**ast

The Finals

西雅图超音速队

洛杉矶
湖人队 **2**

西雅图
超音速队 **4**

开佛
掘金队 **1**

洛杉矶
湖人队 **1**

西雅图
超音速队 **4**

菲尼克斯
太阳队 **2**

菲尼克斯
太阳队 **4**

西雅图
超音速队 **4**

波特兰
开拓者队 **2**

菲尼克斯
太阳队 **3**

堪萨斯城
国王队 **1**

西雅图
超音速队 **4** 华盛顿
子弹队 **1**

华盛顿
子弹队 **4**

华盛顿
子弹队 **4**

亚特兰大
老鹰队 **2**

亚特兰大
老鹰队 **3**

休斯顿
火箭队 **0**

圣安东尼奥
马刺队 **3**

圣安东尼奥
马刺队 **4**

费城
76人队 **2**

费城
76人队 **3**

新泽西
篮网队 **0**

125

第四章

极致PK，『黑白』争霸

1978—1979赛季，已被凯尔特人队选中的拉里·伯德率领印第安纳州立大学无花果队在NCAA所向披靡，取得了33连胜的骄人战绩，并在决赛中遇到了埃尔文·约翰逊和他的密歇根州立大学。

和伯德相比约翰逊此前的篮球生涯也不遑多让。还在高中的时候，约翰逊曾在一场比赛中劈下36分、16个篮板、16次助攻，那时候他不过是个15岁的小屁孩。一个专栏作家看了这场表演后，给他取了个绰号："魔术师"。有趣的是，约翰逊的妈妈并不喜欢这个称谓，因为她是一个虔诚的基督教徒，觉得这是对神的大不敬。高中三年级时，"魔术师"约翰逊带领球队以27胜1负的傲人战绩获得了州冠军，他的场均数据是28.8分、16.8个篮板。进入密歇根州立大学后，约翰逊的风头更劲，最经典的当然是1979年NCAA决赛他和伯德的巅峰对决。

根据尼尔森公司的统计，那场比赛的电视观众达到了3511万人。伯德当年的队友汤姆·克劳德回忆道："现在人们还在谈论几十年前那场比赛，但他们中的许多人甚至记不清去年的NCAA总冠军是谁。"

1979—1980

天之骄子！
"魔术师""大鸟"对决

总冠军：洛杉矶湖人队

总决赛MVP：埃尔文·约翰逊（湖人队）

得分王：乔治·格文（马刺队/33.1分）

篮板王：斯万·内特（快船队/15.0个）

助攻王：迈克尔·雷·理查德森（尼克斯队/10.2次）

最有价值球员：卡里姆·阿卜杜尔·贾巴尔（湖人队）

最佳新秀：拉里·伯德（凯尔特人队）

最佳教练：比尔·菲奇（凯尔特人队）

那场比赛，"魔术师"约翰逊最终战胜了伯德，后者坐在替补席上用毛巾捂着脸流泪的影像成为永世经典。尽管如此，伯德还是获得了当年的奈史密斯奖和约翰·伍登奖。伯德还是NCAA历史上得分第五多的球员，在他的率领下，无花果队获得了81胜13负的傲人战绩。

"魔术师"约翰逊和"大鸟"伯德，他们在NCAA的恩怨结束了，但在NBA中的恩怨才刚刚开始。

1978—1979赛季，凯尔特人队跌入历史低谷，仅仅取得了29场比赛的胜利。"大鸟"伯德加盟后，凯尔特人队的战绩陡升，加上考恩斯、马克斯维尔、阿奇巴尔德和福德等一帮悍将的辅佐，他们在这个赛季豪取61胜21负，比上个赛季足足多赢了32场球——这是当时NBA的最快进步纪录，直到1989—1990赛季才被马刺队打破。

阿奇巴尔德摆脱伤病困扰，场均送出联盟第二高的8.4次助攻。伯德也成功"复仇"约翰逊，以场均21.3分、10.4个篮板、4.5次助攻荣膺年度最佳新秀。不过，凯尔特人队在季后赛中横扫火箭队后，被"J博士"欧文率领的76人队以4:1淘汰。

虽然被伯德夺走最佳新秀，"魔术师"约翰逊却收获了总冠军以及总决赛

MVP。

湖人队的开局颇富戏剧性。10胜4负开局后，主帅麦金尼在一次自行车事故中严重受伤，韦斯特海德仓促上任。这无伤大雅，因为湖人队的阵容相当强大。贾马尔·威尔克斯、琼恩斯和贾巴尔构架起的前场极具侵略性，约翰逊和尼克森组成的后场也不逊于联盟其他任何后卫组合，更何况板凳席上还坐着迈克尔·库珀和海伍德这样的实力派选手。

华丽得一塌糊涂的约翰逊在新秀赛季扮演了鲶鱼的角色，贾巴尔精神为之一振，打出了职业生涯最全面的数据，得到了第六座也是最后一座常规赛MVP奖杯。常规赛结束，湖人队60胜22负位列太平洋赛区第一。季后赛中湖人队先后淘汰掉太阳队和超音速队，在总决赛中与"J博士"欧文率领的76人队遭遇。顺便说一句，约翰逊在自己的首场季后赛中就砍下了三双。

总决赛前四战，双方势均力敌，打成2:2平。自从1971年带领雄鹿队登顶后，贾巴尔就再也没能品尝过夺冠的甜蜜，所以他打得格外起劲。第五战贾巴尔狂砍40分，湖人队108:103取得大比分3:2的领先，不过他也因此付出了惨重的代价：脚踝扭伤，第六战不能出场。

于是，NBA总决赛历史上最不可思议的一幕发生了，第六战中20岁的控卫"魔术师"约翰逊竟然以首发中锋的身份出场，并将比赛变成了秀场，劈下42分、15个篮板、7次助攻和3次抢断，简直就是无懈可击。湖人队最终以4：2加冕总冠军，"客串"情况下取得巨大成功的"魔术师"约翰逊成为总决赛MVP。

其实，第六战中贾马尔·威尔克斯也很猛，揽下37分，但在约翰逊面前他只是配角——第二天报纸的体育头条写道："It's Magic！"（"这是魔术！"）

另外该赛季爵士队从新奥尔良搬迁到犹他州盐湖城，更名为犹他爵士队，被划到了西部，为了平衡起见，印第安纳步行者队成了东部联盟的球队。

从本赛季开始，NBA引入三分球规则。三分球是ABA的特色，进入NBA后使得比赛变得更富看点，战术也多变了起来，一大批恐怖的三分射手开始登上历史舞台。第一个在NBA正式比赛中投进三分球的，是凯尔特人队的后卫克里斯·福特。

1979—1980赛季排名

东部联盟			
排名	球队	胜	负
1	波士顿凯尔特人队	61	21
2	亚特兰大老鹰队	50	32
3	费城76人队	59	23
4	圣安东尼奥马刺队	41	41
5	休斯敦火箭队	41	41
6	华盛顿子弹队	39	43
7	纽约尼克斯队	39	43
8	印第安纳步行者队	37	45
9	克利夫兰骑士队	37	45
10	新泽西篮网队	34	48
11	底特律活塞队	16	66
西部联盟			
排名	球队	胜	负
1	洛杉矶湖人队	60	22
2	密尔沃基雄鹿队	49	33
3	西雅图超音速队	56	26
4	菲尼克斯太阳队	55	27
5	堪萨斯城国王队	47	35

西部联盟			
排名	球队	胜	负
6	波特兰开拓者队	38	44
7	圣迭戈快船队	35	47
8	丹佛掘金队	30	52
9	芝加哥公牛队	30	52
10	金州勇士队	24	58
11	犹他爵士队	24	58

NBA PLAYOFFS

NBA季后赛 对阵表
1979—1980赛季

West　　　　　　　　　　　　　　　　　　　　　　　　East

洛杉矶湖人队 4

菲尼克斯太阳队 2
堪萨斯城国王队 1

菲尼克斯太阳队 1

洛杉矶湖人队 4

西雅图超音速队 2
波特兰开拓者队 1

西雅图超音速队 4

西雅图超音速队 1

密尔沃基雄鹿队 3

The Finals

洛杉矶湖人队 4　费城76人队 2

洛杉矶湖人队

费城76人队 4

费城76人队 4

亚特兰大老鹰队 1

波士顿凯尔特人队 1　休斯敦火箭队

费城76人队 4

费城76人队 2
华盛顿子弹队 0

波士顿凯尔特人队 4

休斯敦火箭队 2
圣安东尼奥马刺队 1

休斯敦火箭队 0

达拉斯独行侠队于该赛季加入联盟，被划到西部，他们处子赛季的战绩只有15胜67负。马刺队和火箭被划到西部联盟，雄鹿队和公牛队被分到了东部联盟。

凯尔特人队不但是NBA历史上获得总冠军次数最多的球队，同时也是最善于在选秀大会上"淘宝"以走出低谷的球队。凯尔特人队此前签下海因索恩和拉里·伯德等人的举措已经让人见识了他们的独到眼光，然而这一年"红衣主教"奥尔巴赫更为"过分"。

当时凯尔特人队拥有从活塞队交易来的状元签，但出乎所有人预料的

是，他们将状元签送给了勇士队。再搭上一个13号签，凯尔特人队得到了"四年级"中锋罗伯特·帕里什和3号签，并用3号签选中了来自明尼苏达大学的强力前锋凯文·麦克海尔——正是这笔交易，凯尔特人队从此背上了"强盗"的名声。

帕里什在1976年选秀大会上被勇士队用首轮第8顺位签下，场均数据从菜鸟赛季的9.1分、7.1个篮板，逐步升到了17.2分、12.1个篮板，成为联盟一流中锋。由于凯尔特人队的首发中锋戴夫·考恩斯在季前训练营中突然宣布退役，帕里什被推上先发位置。帕里什在

陷入癫狂！
"大鸟"伯德的伟大投篮

1980—1981

总冠军：**波士顿凯尔特人队**

总决赛MVP：**塞德里克·马克斯维尔**（凯尔特人队）

得分王：**阿德里安·丹特利**（爵士队/30.7分）

篮板王：**摩西·马龙**（火箭队/14.8个）

助攻王：**凯文·波特**（子弹队/9.1次）

最有价值球员：**朱利叶斯·欧文**（76人队）

最佳新秀：**达瑞尔·格里菲斯**（爵士队）

最佳教练：**杰克·麦金尼**（步行者队）

常规赛中场均交出18.9分、9.5个篮板，职业生涯首次入选全明星赛。

凯尔特人队的其他四位先发是伯德、马克斯维尔、阿奇巴尔德和福德，同时替补席上还坐着麦克海尔等悍将。常规赛阶段，凯尔特人队取得62场胜利，登上大西洋赛区榜首的位置。

不是冤家不聚头，凯尔特人队和76人队又在东部决赛中遭遇。76人队率先发力，取得3：1领先，凯尔特人队被逼到了悬崖边上。"绿衫军"的韧性此时发挥作用，第五战和第六战均以2分的优势险胜，到了关键的第七战，伯德最后时刻投出绝杀球，帮助球队以91：90取胜，有惊无险地杀入总决赛。

凯尔特人队强势回归，上赛季冠军湖人队却陷入泥沼。"魔术师"约翰逊因为膝伤缺席了大部分比赛，湖人队后场遭遇重创。贾巴尔宝刀未老，场均贡献26.2分、10.3个篮板，但毕竟独木难支，湖人队以54胜28负结束常规赛，在太平洋赛区排在太阳队之后，位列第二，并在季后赛首轮输给了摩西·马龙率领的火箭队。

摩西·马龙，火箭队。没错，杀入总决赛的西部球队正是他们，这是很多人无论如何也不会想到的。

马龙在80场常规赛中场均摘下14.8个篮板，再次荣膺篮板王，这也开启了他连续5个赛季霸占篮板王的光辉序幕。值得一提的是，马龙的进攻能力也被全面开发出来，他本赛季的场均得分上升到了27.8分，仅次于爵士队阿德里安·丹特利的30.7分。在1981年3月11日对阵勇士队的比赛中，马龙28投20中，12罚11中，掠下了惊人的51分，这在火箭队队史上排在第三位，排在他前面的是凯文·墨菲的57分和埃尔文·海耶斯的54分。

不过火箭队的常规赛战绩并不突出，只有40胜42负，与国王队并列中西部赛区第二。到了季后赛，火箭队的表现震惊全美。马龙稳定地交出场均26.8分、14.5个篮板的答卷，率领火箭队一鼓作气打进总决赛。

总决赛首战的第四节，拉里·伯德贡献了一次极其经典的投篮，被数不清的影像资料收录。当时伯德在右侧5.5米处投篮，当他出手时就感觉到了此球可能会投丢，于是高速冲到篮下抢到了篮板，在身体由于惯性即将飞出底线的刹那间，"大鸟"犹如插上了飞翔的翅膀，在半空中将球换到了左手，3.6米外低手投篮命中。伯德的曼妙表演让整个波士顿花园球馆陷入癫狂，奥尔巴赫事后评价："这是我见过的最伟大的投篮。"

火箭队的传奇到此结束，在阵容豪华强大的凯尔特人队面前，他们以2:4败下阵来。塞德里克·马克斯维尔

荣膺总决赛MVP。至此，"魔术师"约翰逊和"大鸟"伯德这对"黑白双煞"包揽了20世纪80年代初的两届总冠军。

1980—1981赛季排名

东部联盟			
排名	球队	胜	负
1	波士顿凯尔特人队	62	20
2	密尔沃基雄鹿队	60	22
3	费城76人队	62	20
4	纽约尼克斯队	50	32
5	芝加哥公牛队	45	37
6	印第安纳步行者队	44	38
7	华盛顿子弹队	39	43
8	亚特兰大老鹰队	31	51
9	克利夫兰骑士队	28	54
10	新泽西篮网队	24	58
11	底特律活塞队	21	61
西部联盟			
排名	球队	胜	负
1	菲尼克斯太阳队	57	25
2	圣安东尼奥马刺队	52	30
3	洛杉矶湖人队	54	28
4	波特兰开拓者队	45	37
5	堪萨斯城国王队	40	42
6	休斯敦火箭队	40	42
7	金州勇士队	39	43
8	丹佛掘金队	37	45
9	圣迭戈快船队	36	46
10	西雅图超音速队	34	48
11	犹他爵士队	28	54
12	达拉斯独行侠队	15	67

NBA PLAYOFFS

NBA季后赛 对阵表
1980—1981赛季

West — **East**

休斯敦火箭队 **2**
洛杉矶湖人队 **1**
休斯敦火箭队 **4**
圣安东尼奥马刺队 **3**
休斯敦火箭队 **4**
The Finals
费城76人队 **3**
费城76人队 **4**
费城76人队 **2**
印第安纳步行者队 **0**
密尔沃基雄鹿队 **3**

波士顿凯尔特人队

休斯敦火箭队 **2**
波士顿凯尔特人队 **4**

堪萨斯城国王队 **2**
波特兰开拓者队 **1**
堪萨斯城国王队 **4**
菲尼克斯太阳队 **3**
堪萨斯城国王队 **1**

波士顿凯尔特人队 **4**
波士顿凯尔特人队 **4**
芝加哥公牛队 **0**
芝加哥公牛队 **2**
纽约尼克斯队 **0**

135

马刺队的乔治·格文再次成为得分王，但远不如摩西·马龙蝉联篮板王令人印象深刻，因为这是他在火箭队的最后一个赛季。

马龙本赛季场均抢得14.7个篮板卫冕篮板王，而且场均能得到联盟第二的31.3分。凭借近乎完美的表现，马龙赢得了第二座常规赛MVP奖杯。另外，马龙该赛季出场3398分钟，场均42分钟，总共抢下558个进攻篮板，三项数据都是联盟第一，他在六年内第二次尝到了入选最佳阵容的喜悦。

经过1980—1981赛季的蛰伏后，湖

人队在休赛期厉兵秣马，想要在新赛季重新证明自己。但一个不太好的消息是，新赛季开打后，球队内部却传出不和谐的音符，主教练韦斯特海德和大脑"魔术师"约翰逊之间出现了裂痕。约翰逊出道以来，一直保持着谦谦君子的形象，但这次他却向管理层逼宫，扬言若不解雇韦斯特海德，就得将他交易出去。无可奈何之下，老板杰里·巴斯挥起大刀砍向了主教练，韦斯特海德该赛季只执教了11场比赛就被炒了鱿鱼。

韦斯特海德执教的两个赛季，湖人队均取得了50胜以上的佳绩，还夺取

美妙的宫斗大戏！
"魔术师"的救赎

总冠军：洛杉矶湖人队

总决赛MVP：埃尔文·约翰逊（湖人队）

得分王：乔治·格文（马刺队/32.3分）

篮板王：摩西·马龙（火箭队/14.7个）

助攻王：约翰尼·摩尔（马刺队/9.7次）

最有价值球员：摩西·马龙（火箭队）

最佳新秀：巴克·威廉姆斯（篮网队）

最佳教练：吉恩·舒（子弹队）

了一次总冠军，他的执教水平有目共睹。正因如此，约翰逊的逼宫引起了球迷的不满，以至于韦斯特海德下课后的第一个主场比赛，受众人爱戴的"魔术师"第一次听到了如潮的嘘声。

接过湖人队帅印的是助理教练帕特·莱利。莱利是1972年湖人冠军队成员，退役后当过解说员，1979年受韦斯特海德之邀成为助理教练。实际上，韦斯特海德下课后，湖人队先是力邀杰里·韦斯特出山，韦斯特拒绝后莱利才得以递补。

好消息是，换帅风波没击垮湖人队，反而成了一针强心剂。莱利上任后为球队量身定制了一整套全新的战术，在进攻端赋予球员更大的自由度，同时在防守端要求大家要更积极、更具侵略性。莱利的战术立竿见影，他上任后的20场比赛，湖人队豪取17胜3负。

最终湖人队以太平洋赛区最好的57胜25负结束常规赛，并开启了如梦如幻的季后赛之旅——前两轮零封太阳队和马刺队，场均净胜对手11分之多，强势杀进总决赛。湖人队早早完事，另一边还在火拼，于是莱利特意安排球队一天两练，为的就是别闲得发慌，没了状态。

东部涛声依旧。

凯尔特人队继续保持强势，常规赛豪取联盟第一的63胜，与76人队连续第三年在东部决赛中遭遇。仿佛是时光回流般，东部决赛的前6场比赛与上赛季如出一辙。76人队开局生猛，以3∶1拿到直通总决赛的赛点。凯尔特人队后程发力，连赢两场后把76人队拖进抢七大战。唯一不同之处在于，这次笑到最后的是76人队，凯尔特人队106∶120惨遭淘汰。

总决赛湖人队vs76人队，其实这也是"魔术师"约翰逊的救赎之战，倘若不能夺冠，逼走韦斯特海德的旧账很可能会被球迷翻出来。

后续事实证明，无故撒泼的不是英雄好汉，约翰逊的逼宫并不是毫无缘由，而他也用自己的表现完成了自我救赎：总决赛第六战，约翰逊交出13分、13个篮板、13次助攻的三双答卷，力助湖人队以4∶2登顶，"魔术师"第二次当选总决赛MVP。这届总决赛是大开大合式的，除了首战湖人队以124∶117取胜，另外5场比赛的分差都不小于7分。

值得一提的是，中途来投的鲍勃·麦卡杜也为湖人队夺冠立下了汗马功劳。效力于布法罗勇敢者队时，麦卡杜拿过3届得分王和1次MVP，可球队始终未能突破东部半决赛。随后麦卡杜伤病逐渐增多，被人诟病为高分低能的典型代表。

1981年圣诞节前一天，已到而立的麦卡杜终于逃离苦海，在一笔交易中来到了湖人队。在星光璀璨的湖人队，麦卡杜不再是瞩目焦点，但他季后赛场均能砍下16.7分，成为不可或缺的夺冠拼图。

1981—1982赛季排名

东部联盟			
排名	球队	胜	负
1	波士顿凯尔特人队	63	19
2	密尔沃基雄鹿队	55	27
3	费城76人队	58	24
4	新泽西篮网队	44	38
5	华盛顿子弹队	43	39
6	亚特兰大老鹰队	42	40
7	底特律活塞队	39	43
8	印第安纳步行者队	35	47
9	芝加哥公牛队	34	48
10	纽约尼克斯队	33	49
11	克利夫兰骑士队	15	67
西部联盟			
排名	球队	胜	负
1	洛杉矶湖人队	57	25
2	圣安东尼奥马刺队	48	34
3	西雅图超音速队	52	30
4	菲尼克斯太阳队	46	36
5	丹佛掘金队	46	36
6	休斯敦火箭队	46	36
7	金州勇士队	45	37
8	波特兰开拓者队	42	40
9	堪萨斯城国王队	30	52
10	达拉斯独行侠队	28	54
11	犹他爵士队	25	57
12	圣迭戈快船队	17	65

NBA PLAYOFFS

NBA季后赛 对阵表
1981—1982赛季

West   **E**ast

洛杉矶
湖人队 **4**

菲尼克斯
太阳队 **2**

丹佛
掘金队 **1**

菲尼克斯
太阳队 **0**

洛杉矶
湖人队 **4**

洛杉矶湖人队

洛杉矶
湖人队 **4**

费城
76人队 **2**

圣安东尼奥
马刺队 **4**

圣安东尼奥
马刺队 **0**

西雅图
超音速队 **2**

休斯敦
火箭队 **1**

西雅图
超音速队 **1**

费城
76人队 **4**

费城
76人队 **2**

亚特兰大
老鹰队 **0**

费城
76人队 **4**

密尔沃基
雄鹿队 **2**

波士顿
凯尔特人队 **4**

波士顿
凯尔特人队 **3**

华盛顿
子弹队 **1**

华盛顿
子弹队 **2**

新泽西
篮网队 **0**

139

本赛季NBA设立了两个重要奖项。一个是"最佳第六人"奖项，用来表彰那些在替补席上为球队做出重大贡献的球员。76人队的鲍比·琼斯成为NBA历史上首个"最佳第六人"。另外一个是"最佳防守球员"奖项，用来表彰那些在防守端有突出作为的球员。历史上首个"最佳防守球员"是来自雄鹿队的西德尼·蒙克利夫。

本赛季的两支总决赛球队是湖人队和76人队，他们在赛季之前都有强援加入。

倒霉了喝凉水都塞牙，走运了摔个跤都捡钱。湖人队夺得总冠军后竟突然发现，他们手里还握有状元签。

故事是这样的：1979—1980赛季中期，湖人队和骑士队做了一笔交易，前者送出福德和1980年的一个首轮选秀权，换来了李和1982年的一个首轮选秀权。没想到骑士队在1981—1982赛季战绩联盟垫底，就这样，湖人队天上掉馅饼般得到了状元签。总冠军球队拥有状

1982—1983

马龙霸气"FO"！
76人队创纪录夺冠

总冠军：**费城76人队**

总决赛MVP：**摩西·马龙**（76人队）

得分王：**阿莱克斯·英格利什**（掘金队/28.4分）

篮板王：**摩西·马龙**（76人队/15.3个）

助攻王：**埃尔文·约翰逊**（湖人队/10.5次）

最有价值球员：**摩西·马龙**（76人队）

最佳新秀：**特里·坎明斯**（快船队）

最佳防守球员：**西德尼·蒙克利夫**（雄鹿队）

最佳第六人：**鲍比·琼斯**（76人队）

最佳教练：**唐·尼尔森**（雄鹿队）

元签，这在NBA历史上还是第一次。

湖人队最终用状元签签下了1982年NCAA冠军队成员、来自北卡罗来纳大学的詹姆斯·沃西。沃西、"魔术师"约翰逊和贾巴尔，构成了湖人队20世纪80年代最为倚重的力量。

单就该赛季而言，沃西是约翰逊和贾巴尔的完美补充，他和前者构成了风靡一时的快攻二人组，而在"天勾"内线强攻需要拉开空间时，他还能拉到外线弯弓搭箭。美中不足的是，常规赛最后一周沃西在补篮时摔断了腿骨，提前告别了菜鸟赛季。

湖人队常规赛收获58胜，蝉联西部第一。季后赛湖人队遭遇严重伤病困扰，除了沃西，麦卡杜和尼克森也相继受伤。然而，湖人队仍然凭借约翰逊和贾巴尔的内外组合在前两轮淘汰开拓者队和马刺队，在十分不利的情况下闯进总决赛。

较之湖人队，76人队从新援那里得到的助推力更大，他们得到了伟大的摩西·马龙。

与当初湖人队内线乏力，屡屡倒在凯尔特人队手下，从而下狠心挖来张伯伦一样，此时的76人队实力也达到了一个高度，但内线无人是他们的硬伤。就像饿到极致的猛兽般，76人队终于盼来了心仪的猎物。1981—1982赛季结束后，效力火箭队的中锋马龙成为受限制球员。1982年9月2日，求贤若渴的76人队忙不迭给他开出了价格不菲的合同。火箭队成人之美，并未行使他们的优先权来匹配合同。9月15日，马龙正式成为76队的一员。

这是马龙的第八个NBA赛季，本赛季他以场均15.3个篮板连续第三年成为篮板王，另外场均还能得到24.5分，高居联盟第五名。表现如此生猛，马龙连续第六年入选了全明星赛，并入选年度最佳阵容和最佳防守阵容，毫无悬念地夺取常规赛MVP奖杯，成为历史上唯一连续两年在不同的球队荣膺MVP的球员。

至此，76人队组建起了空前强大的阵容：除了马龙，"J博士"欧文场均砍下21.4分，托尼场均19.7分，奇克斯统领后场，板凳上还坐着联盟中最好的替补鲍比·琼斯。在马龙和欧文的带领下，76人队常规赛豪取联盟最好的65胜17负。

季后赛开始前，马龙贡献了那个流传至今的段子："对于即将开打的季后赛，你怎么看？"记者问道。马龙："Fo，Fo，Fo。"Fo即Four（4）。马龙的回答很霸道：横扫所有对手。

在当时，几乎所有人都觉得马龙这个牛皮吹得有点大。可结果表明，马龙和76人队确实有这个底气。季后赛前两轮，76人队分别以4∶0和4∶1的比分淘汰尼克斯队和雄鹿队。

作为20世纪70年代的首席飞人，"J博士"曾经在ABA叱咤风云，助篮网队夺得了1974年和1976年的总冠军。因此1976—1977赛季欧文加盟76人队后，球迷就相信他能率队登上联盟之巅。但遗憾的是，"J博士"来到费城后先后3次带队杀入总决赛，最终都功亏一篑。

这一次，是欧文、马龙和76人队的绝佳机会。果不其然，总决赛面对被伤病施咒的湖人队，76人队毫不客气，干净利索地给他们"剃了光头"，马龙当仁不让荣膺总决赛MVP。

12胜1负，76人队只输了1场便问鼎，创造了NBA的纪录。颁奖仪式颇具传奇色彩，马龙接过总冠军戒指，赫然发现上书3个单词：Fo，Five（5），Fo。

1982—1983赛季排名

东部联盟			
排名	球队	胜	负
1	费城76人队	65	17
2	密尔沃基雄鹿队	51	31
3	波士顿凯尔特人队	56	26
4	新泽西篮网队	49	33
5	纽约尼克斯队	44	38
6	亚特兰大老鹰队	43	39
7	华盛顿子弹队	42	40
8	底特律活塞队	37	45
9	芝加哥公牛队	28	54
10	克利夫兰骑士队	23	59
11	印第安纳步行者队	20	62
西部联盟			
排名	球队	胜	负
1	洛杉矶湖人队	58	24
2	圣安东尼奥马刺队	53	29
3	菲尼克斯太阳队	53	29
4	西雅图超音速队	48	34
5	波特兰开拓者队	46	36
6	丹佛掘金队	45	37
7	堪萨斯城国王队	45	37
8	达拉斯独行侠队	38	44
9	金州勇士队	30	52
10	犹他爵士队	30	52
11	圣迭戈快船队	25	57
12	休斯敦火箭队	14	68

NBA PLAYOFFS

NBA季后赛 对阵表
1982—1983赛季

West   **E**ast

洛杉矶湖人队 **4**

波特兰开拓者队 **2**

洛杉矶湖人队 **4**

西雅图超音速队 **0**

波特兰开拓者队 **1**

The Finals

洛杉矶湖人队 **4**

费城76人队 **4**

费城76人队

费城76人队 **4**

洛杉矶湖人队 **0**   费城76人队 **4**

纽约尼克斯队 **0**

圣安东尼奥马刺队 **4**

圣安东尼奥马刺队 **2**

费城76人队 **4**

纽约尼克斯队 **2**

新泽西篮网队 **0**

密尔沃基雄鹿队 **4**

丹佛掘金队 **2**

丹佛掘金队 **1**

密尔沃基雄鹿队 **1**

菲尼克斯太阳队 **1**

波士顿凯尔特人队 **0**

波士顿凯尔特人队 **2**

亚特兰大老鹰队 **1**

本赛季在NBA发展史上具有里程碑意义。拉里·奥布莱恩急流勇退，大卫·斯特恩成为总裁。

大卫·斯特恩，这位思维清晰、精力充沛、办事果敢的律师，是NBA第四任总裁，他上台后大力发展电视转播，展开广告宣传攻势，并积极进行造星运动，运用球星的磁吸效应来扩大联盟影响，此外还加快了NBA全球化的步伐，用铁腕手段推行禁毒政策，极大地净化了联盟空气。毫不夸张地说，若没有大卫·斯特恩，便没有NBA当下这般繁荣昌盛的局面。

季后赛赛制也在该赛季有了重大变化，季后赛球队由12支扩充到16支，赛区头名首轮轮空的现象从此一去不复返。全明星周末的扣篮大赛也于这个赛季登上历史舞台，太阳队的拉里·南斯成为历史上首个扣篮王。

20世纪80年代的前三个冠军被湖人队和凯尔特人队瓜分，但两队并未在总决赛中相遇，换句话说，自从拉里·伯德和"魔术师"约翰逊在1979年NCAA决赛中话别后，就再也没在决赛

扣篮大赛问世！
贾巴尔总得分破纪录

1983—1984

总冠军：波士顿凯尔特人队

总决赛MVP：拉里·伯德（凯尔特人队）

得分王：阿德里安·丹特利（爵士队/30.6分）

篮板王：摩西·马龙（76人队/13.4个）

助攻王：埃尔文·约翰逊（湖人队/13.1次）

最有价值球员：拉里·伯德（凯尔特人队）

最佳新秀：拉夫·汤普森（火箭队）

最佳防守球员：西尼·蒙克利夫（雄鹿队）

最佳第六人：凯文·麦克海尔（凯尔特人队）

最佳教练：弗兰克·雷登（爵士队）

战场上重聚。这个赛季，"黑白争锋"终于得以上演。

湖人队继续补强阵容，用尼克森换来了拜伦·斯科特，至此"ShowTime"的骨干基本聚齐。湖人队以12胜4负开局，不过在1983年12月2日，"魔术师"约翰逊右手食指脱臼，后来休息了一个月。

此次受伤的直接后果是，约翰逊没能成为历史上单赛季助攻次数最多的球员——该赛季他场均13.1次助攻领跑联盟。不过湖人队依然有人创造NBA纪录，他就是"天勾"贾巴尔。1984年4月5日，湖人队vs勇士队，贾巴尔得到了他职业生涯的第31420分，从而超越前辈张伯伦，成为NBA历史上得分最多的球员。

湖人队在常规赛阶段以54胜28负位列西部第一，并在季后赛中轻松淘汰国王队、独行侠队和太阳队，闯入总决赛。

东部联盟是凯尔特人队的天下。

连续无缘总决赛后，"红衣主教"痛定思痛，决定扶K.C.琼斯上位。琼斯主教练对后场配置进行了调整，从太阳队换来的丹尼斯·约翰逊成为先发，与杰拉德·亨德森搭档后场，而凯文·麦克海尔则继续在板凳上提供延续性战力。

本赛季凯尔特人队豪取62胜，"大鸟"伯德得到职业生涯第一座常规赛MVP奖杯，麦克海尔则荣膺"最佳第六人"称号。

季后赛中东部第二的76人队显现颓势，首轮即被篮网队以3∶2淘汰出局。而凯尔特人队则势如破竹，先是以3∶1轻松击败子弹队，随后又历经7场大战，以微弱优势淘汰了尼克斯队，在东部决赛中4∶1大胜雄鹿队后闯入总决赛。

凯尔特人队vs湖人队，伯德PK约翰逊，最令人血脉偾张的戏码上演了。

总决赛首战，湖人队客场115∶109掀翻对手取得开门红。第二战还剩最后18秒时，湖人队以115∶113领先2分，同时还握有球权，胜利似乎是手到擒来。由于随后两场比赛要在洛杉矶进行，湖人队看到了零封对手、打破"总决赛逢'绿衫军'不胜"魔咒的曙光。

然而意外发生了，詹姆斯·沃西试图将球传给拜伦·斯科特时，杰拉德·亨德森斜刺里杀出，神奇地断球并上篮成功，将凯尔特人队从死亡线上拉了回来。在加时赛中，又是亨德森的一次关键助攻，凯尔特人队以124∶121险胜湖人队。可以说，亨德森的抢断在意义上绝不逊色于当年哈弗里切克的销魂一断。

回到主场后湖人队拿下第三战，

可韧性十足的凯尔特人队再次通过加时扳平大比分。

至此，"绿衫军"的两场胜利都靠加时得来，不得不说他们的运气简直好到家了，伯德多年之后也曾回忆说："说实话，他们原本有机会横扫我们。"

第五战和第六战，两队又是各胜一场，总比分打成了3：3平。

比赛打到这个份上，湖人队的取胜概率已经很小了，因为"凯尔特人队从来不会输掉第七场"——这和后来的"乔丹不打第七场"异曲同工。后续事实也印证了这一点，凯尔特人队以111：102拿下抢七局，以4：3的总比分登顶，夺得队史上第15个总冠军，拉里·伯德当选为总决赛MVP。

湖人队的悲情还在继续，他们原本有大把机会笑到最后，却一一挥霍掉了。至此湖人队8次在总决赛中与凯尔特人队过招，全部败北。

本赛季还上演了一场震古烁今的飙分大战。1983年12月13日，活塞队历经三个加时，最终以186：184险胜掘金队，186分是NBA历史上的球队单场得分纪录，370分也是单场得分总数的历史纪录。

那场比赛，"微笑刺客"伊赛亚·托马斯刹下47分、17次助攻，约翰·朗得到41分，掘金队的英格利什和范德维奇分别劈下47分和51分，两队共投中了142个球，助攻总数高达93次。"那场比赛双方的投篮都准得要命，谁也防不住谁。"活塞队的托马斯回忆说。

1983—1984赛季排名

东部联盟			
排名	球队	胜	负
1	波士顿凯尔特人队	62	20
2	密尔沃基雄鹿队	50	32
3	费城76人队	52	30
4	底特律活塞队	49	33
5	纽约尼克斯队	47	35
6	新泽西篮网队	45	37
7	亚特兰大老鹰队	40	42
8	华盛顿子弹队	35	47
9	克利夫兰骑士队	28	54
10	芝加哥公牛队	27	55
11	印第安纳步行者队	26	56

西部联盟			
排名	球队	胜	负
1	洛杉矶湖人队	54	28
2	犹他爵士队	45	37
3	波特兰开拓者队	48	34
4	达拉斯独行侠队	43	39
5	西雅图超音速队	42	40
6	菲尼克斯太阳队	41	41
7	丹佛掘金队	38	44
8	堪萨斯城国王队	38	44
9	金州勇士队	37	45
10	圣安东尼奥马刺队	37	45
11	圣迭戈快船队	30	52
12	休斯敦火箭队	29	53

NBA PLAYOFFS

NBA季后赛 对阵表
1983—1984赛季

West

East

洛杉矶
湖人队 `3`

堪萨斯城
国王队 `0`

洛杉矶
湖人队 `4`

达拉斯
独行侠队 `3`

西雅图
超音速队 `2`

达拉斯
独行侠队 `1`

洛杉矶
湖人队 `4`

The Finals

波士顿
凯尔特人队 `4`

菲尼克斯
太阳队 `3`

波特兰
开拓者队 `2`

菲尼克斯
太阳队 `4`

犹他
爵士队 `3`

丹佛
掘金队 `2`

犹他
爵士队 `2`

菲尼克斯
太阳队 `2`

波士顿凯尔特人队

洛杉矶
湖人队 `3`

波士顿
凯尔特人队 `4`

波士顿
凯尔特人队 `4`

波士顿
凯尔特人队 `3`

华盛顿
子弹队 `1`

纽约
尼克斯队

纽约
尼克斯队 `3`

底特律
活塞队 `2`

密尔沃基
雄鹿队

密尔沃基
雄鹿队 `3`

亚特兰大
老鹰队 `2`

密尔沃基
雄鹿队 `1`

新泽西
篮网队 `2`

新泽西
篮网队 `3`

费城
76人队 `2`

圣迭戈快船队在这个赛季搬迁到了洛杉矶，更名为洛杉矶快船队。这样一来，洛杉矶同时有了两支球队——快船队和湖人队，成为唯一有两支NBA球队的城市。

有些故事注定要成为传奇，比如1984年NBA选秀。

1984年6月19日，这是大卫·斯特恩第一次以总裁的身份出现在选秀大会上，估计连他自己也没有料到，经由他的嘴念出来的名字，有三人成为

常规赛MVP，还有一个历史总助攻王和总抢断王。

以今天的眼光看，迈克尔·乔丹毫无疑问有资格成为状元郎——事实上，他应该是NBA历史上的状元郎。问题的关键在于，手握状元签的火箭队选择了奥拉朱旺。这也无可厚非，1994年和1995年的两个冠军足以证明这一点。

奥拉朱旺曾在一场比赛中劈下60分、15个篮板，美国球探庞德发现了这个身体素质出色、潜力无穷的家伙，把

乔丹亮相了！
湖人队终赢"绿衫军"

1984—1985

总冠军：洛杉矶湖人队

总决赛MVP：卡里姆·阿卜杜尔·贾巴尔（湖人队）

得分王：伯纳德·金（尼克斯队/32.9分）

篮板王：摩西·马龙（76人队/13.1个）

助攻王：伊赛亚·托马斯（活塞队/13.9次）

最有价值球员：拉里·伯德（凯尔特人队）

最佳新秀：迈克尔·乔丹（公牛队）

最佳防守球员：马克·伊顿（爵士队）

最佳第六人：凯文·麦克海尔（凯尔特人队）

最佳教练：唐·尼尔森（雄鹿队）

他推荐给了休斯敦大学的著名教练刘易斯。从此奥拉朱旺成为"美国梦"的典范，他在17岁那年只身来到美国，开始编织心中的篮球之梦。

在刘易斯的训导下，奥拉朱旺进步飞速，尤其是他那如梦如幻的篮下脚步和形象逼真的假动作，很快为他赢得了"大梦"的雅号。

大学最后一个赛季，奥拉朱旺场均抓下13.4个篮板，送出5.6次盖帽，投篮命中率高达67.5%，入选了全美大学生最佳阵容。那年选秀大会前，火箭队也很中意早就红得发紫的迈克尔·乔丹，多次和北卡罗来纳大学主教练迪恩·史密斯套近乎。

可能是因为大个子具备天然优势，很多人都预测奥拉朱旺会成为状元，这其中包括火箭队，所以他们的策略是：万一得不到状元签，在第2顺位必选乔丹。火箭队最终在猜硬币游戏中取胜，喜获状元签，于是历史拐了弯：火箭队队中已经有了拉夫·汤普森，他们很想尝试一下"双塔"战术，毫不犹豫地签下了奥拉朱旺。

运气最衰的无疑是开拓者队，他们在猜硬币中落败，还脑袋发热放跑了乔丹，选择了萨姆·鲍维。

1981年，鲍维还在读大一时就名扬四海，如果那时候参加选秀，76人队会在第6顺位选他。但鲍维的母亲希望看到儿子大学毕业，他不得不推迟进入NBA的时间。殊不知这是鲍维噩运的开始，先是左腿受伤被医生误诊为骨裂，后来做了手术歇了一年。

鲍维够倒霉，开拓者队比他还倒霉。当斯特恩在选秀大会上念出的第二个名字是"萨姆·鲍维"时，全世界哗然。开拓者队的理由是：伤总会好的，鲍维早就没事了。"开拓者队给我做了7个小时的检查，没有遗漏任何一项，我不认为自己和比尔·沃顿是同样的情况，他的伤比我严重多了。"鲍维这样回忆。

所有人都以为开拓者队会在第2顺位选择乔丹，包括拥有探花签的公牛队。公牛队以为将和乔丹擦肩而过，准备保留选秀权，期待来年选尤因，没想到开拓者队如此"大方"，于是忙不选将"篮球之神"拿下。遗憾的是，此时乔丹并不在现场，他和第4位被选中的帕金斯正在参加奥运会集训。

除了奥拉朱旺和乔丹，这年选秀还贡献了查尔斯·巴克利和约翰·斯托克顿等巨星。其实看走眼的不只是开拓者队，伟大的斯托克顿竟然到了第16顺位才被选中，爵士队捡了个大漏。

伯德和"魔术师"约翰逊的"黑白争霸"在今年上演续集。

第八次在总决赛中负于凯尔特人队后，湖人队卷土重来。

威尔克斯在1985年2月份膝盖韧带撕裂缺席了之后的比赛，尽管如此，湖人队依然以62胜20负连续第四年成为太平洋赛区冠军，领先第二名20个胜场还创造了NBA的一项纪录。励精图治的湖人队进入"Show Time"的巅峰期，单赛季54.5%的投篮命中率和2575次助攻前无古人。

射落太阳队，杀死开拓者队，挖掉掘金队，湖人队在季后赛中铁蹄所到之处，一片狼藉，以11胜2负的战绩杀入总决赛。

62胜20负并不是当赛季的最佳战绩，比湖人队更好的是东部的凯尔特人队，他们取得了63场胜利。休赛期凯尔特人队做出调整，将杰拉德·亨德森送到了超音速队，把丹尼·安吉推上首发位置。"大鸟"伯德继续曼妙表演，场均砍下28.7分，蝉联常规赛MVP，而凯文·麦克海尔则以场均19.8分蝉联年度"最佳第六人"。

在季后赛中，凯尔特人队也是势不可当，一路过关斩将，和湖人队相约总决赛。

凯尔特人队似乎生来克湖人队，此前8次总决赛相遇，前者无一失手。这一年首战，历史有重演之势，湖人队以114：148被凯尔特人队揍得七荤八素，这场溃败成为紫金王朝历史上挥之不去的梦魇，被称为"阵亡纪念日的大屠杀"。

好在38岁高龄的贾巴尔铁树开花，随后率领湖人队5战4胜问鼎冠军，他自己也当之无愧地成为总决赛MVP。

总决赛湖人队vs凯尔特人队第9集，老天爷终于学会了拐弯。

1984—1985赛季排名

东部联盟			
排名	球队	胜	负
1	波士顿凯尔特人队	63	19
2	密尔沃基雄鹿队	59	23
3	费城76人队	58	24
4	底特律活塞队	46	36
5	新泽西篮网队	42	40
6	华盛顿子弹队	40	42
7	芝加哥公牛队	38	44
8	克利夫兰骑士队	36	46
9	亚特兰大老鹰队	34	48
10	纽约尼克斯队	24	58
11	印第安纳步行者队	22	60
西部联盟			
排名	球队	胜	负
1	洛杉矶湖人队	62	20
2	丹佛掘金队	52	30
3	休斯敦火箭队	48	34
4	达拉斯独行侠队	44	38
5	波特兰开拓者队	42	40
6	犹他爵士队	41	41
7	圣安东尼奥马刺队	41	41
8	菲尼克斯太阳队	36	46
9	洛杉矶快船队	31	51
10	堪萨斯城国王队	31	51
11	西雅图超音速队	31	51
12	金州勇士队	22	60

NBA PLAYOFFS

NBA季后赛 对阵表

1984—1985赛季

West   **E**ast

洛杉矶湖人队 3				波士顿凯尔特人队 3	
菲尼克斯太阳队 0	洛杉矶湖人队 4		波士顿凯尔特人队 4	克利夫兰骑士队 1	
波特兰开拓者队 3		洛杉矶湖人队 4	波士顿凯尔特人队 4	底特律活塞队 3	
达拉斯独行侠队 1	波特兰开拓者队 1		底特律活塞队 2	新泽西篮网队 0	
丹佛掘金队 3		洛杉矶湖人队 4	波士顿凯尔特人队 2	费城76人队 4	
圣安东尼奥马刺队 2	丹佛掘金队 4		费城76人队 1	华盛顿子弹队 1	
犹他爵士队 3		丹佛掘金队 1	密尔沃基雄鹿队 0	密尔沃基雄鹿队 3	
休斯敦火箭队 2	犹他爵士队 1			芝加哥公牛队 1	

The Finals

洛杉矶湖人队

154

流浪的国王队从此结束了流浪——从堪萨斯城搬到了加利福尼亚州首府萨克拉门托，更名为萨克拉门托国王队，一直到今天。

1986年全明星大赛引入了三分球大赛，拉里·伯德成为首届三分球大赛冠军，并于1987年和1988年蝉联，成为NBA历史第一人。

伯德在三分球的推广中起到了重要作用。关于伯德的三分球，有两个著名的野史段子：（1）和第一次上场的菜鸟打比赛时，伯德总会在对方头上射三分，得手后轻蔑地来一句："嗨，欢迎来到NBA。"（2）三分球大赛时，伯德会故作深沉地和对手打招呼："你好，请问你是来争第二的吗？"不过有趣的是，伯德平时训练很少练三分球，"是的，人人都把我当成是一个三分投

"大鸟"又赢了！
上帝穿上乔丹球衣

总冠军：波士顿凯尔特人队

总决赛MVP：拉里·伯德（凯尔特人队）

得分王：多米尼克·威尔金斯（老鹰队/30.3分）

篮板王：比尔·兰比尔（活塞队/13.1个）

助攻王：埃尔文·约翰逊（湖人队/12.6次）

最有价值球员：拉里·伯德（凯尔特人队）

最佳新秀：帕特里克·尤因（尼克斯队）

最佳防守球员：阿尔文·罗伯特森（马刺队）

最佳第六人：比尔·沃顿（凯尔特人队）

进步最快球员：埃尔文·罗伯特森（马刺队）

最佳教练：迈克·费拉特诺（老鹰队）

手，其实我练三分球的时候并不多。"

这一年的扣篮大赛爆出冷门。1985年的扣篮王，"人类电影精华"多米尼克·威尔金斯赛前被人寄予厚望——他还在该赛季以场均30.3分加冕得分王，但令人大跌眼镜的是，同样来自老鹰队的、身高仅有1.70米的安东尼·杰罗姆·韦伯抢尽他的风头，爆冷夺冠。

韦伯和队友威尔金斯以相同的分数杀入决赛。与前两届扣篮大赛不同，这次决赛仅进行两轮。结果"小土豆"韦伯用变态的弹跳彻底房获了评委，谁也想不到，1.70米的小个子居然能够上演反身双手灌篮。韦伯两扣都得到了满分，威尔金斯虽然只被扣了2分，也只能无奈地将"扣篮王"桂冠拱手让出。1.70米，扣篮王，韦伯演绎了一段佳话。

伯德本赛季成长为超级巨星，他在球场上无所不能，场均砍下联盟第四的25.8分，场均9.8个篮板和2.0次抢断分列第七和第九。此外伯德的罚球和三分球命中率分别是联盟最高的89.6%和第四高的42.3%，场均6.8次助攻还是队内最高的。如此全面的贡献，确保伯德成为继比尔·拉塞尔和维尔特·张伯伦后第三名常规赛MVP三连庄的球员。

凯尔特人队的其他球员亦有出色发挥，凯文·麦克海尔场均贡献21.3分，从快船队转会而来的比尔·沃顿走出伤病魔咒，常规赛出战80场，以场均7.6分、6.8个篮板荣膺年度"最佳第六人"。以联盟最好的67胜结束常规赛后，凯尔特人队在季后赛延续强势，前三轮系列赛只输了一场便挺进总决赛。

总决赛凯尔特人队vs湖人队，这是球迷无比期待的戏码，然而火箭队不解风情，毁了这个事先写好的剧本。

湖人队继续重组，威尔克斯在休赛期离开球队（在快船队只打了13场比赛就宣布退役），新秀A.C.格林和33岁的卢卡斯补充进来。

11胜1负，19胜2负，24胜3负，湖人队的常规赛之旅顺风顺水，最终连续第二个赛季收获62胜的佳绩。这一回更狠，他们竟领先太平洋赛区第二名开拓者队22个胜场。

这是贾巴尔的第17个赛季，他刷新了总上场时间和参赛场次纪录，而"魔术师"约翰逊则在他的第6个赛季里以场均12.6次助攻第三次成为助攻王。

看上去，湖人队眼里只有冤家凯尔特人队了。一切都在按原计划进行，湖人队在前两轮没怎么费周折，先后淘汰了马刺队和独行侠队。但设计好的剧情至此被打断，出来捣乱的是拥有奥拉朱旺和汤普森的火箭队。

在西部决赛中，火箭队出人意料地取得了3：1的领先，但即使到了这份上，也没人料到他们能杀进总决赛，"不过是湖人队老虎打盹儿而已。"

第五场比赛回到洛杉矶进行，这是湖人队触底反弹的绝佳时机。是役双方打得异常惨烈，读秒阶段打成了112平。此时汤普森成为大英雄，他的致命一击让湖人队魂断家门口，火箭队逆势而行杀进总决赛。

火箭队的神奇至此打住，尽管他们拥有奥拉朱旺和汤普森构架起的"双塔"，但和伯德率领的凯尔特人队相比，他们还是稚嫩了不少。最终火箭队抵抗6场，以2：4目送"绿衫军"登基。

加冕战伯德彻底征服世界，他完全进入无解状态，交出了29分、11个篮板、12次助攻的三双答卷，帮助凯尔特人队赢得了队史上第16座总冠军奖杯，他本人也当之无愧地成为总决赛MVP。

不过令人遗憾的是，这是凯尔特人队多年辉煌的句点，此后直到2008年，他们再也没拿过一次总冠军。

该赛季凯尔特人队的主场堪称人间魔窟，常规赛和季后赛50次主场比赛，他们只输了1场。不过，"绿衫军"在驶达总冠军的过程中，有些手下败将也值得铭记，比如迈克尔·乔丹。

职业生涯第二个赛季，乔丹遭遇严重伤病，只打了3场比赛就因左脚骨折高挂免战牌，尽管被票选入全明星，也无法出席。赛季末乔丹终于伤愈回归，并在季后赛首轮出尽风头。首轮第二战，在波士顿花园球馆，乔丹在伯德眼皮底下狂砍63分，创下季后赛纪录。尽管最终凯尔特人队历经两个加时以132：131胜出，"大鸟"还是不由自主地感慨："我想，一定是上帝穿上了乔丹的球衣。"那个系列赛，乔丹场均劈下43.7分，虽败犹荣。

1985—1986赛季排名

东部联盟			
排名	球队	胜	负
1	波士顿凯尔特人队	67	15
2	密尔沃基雄鹿队	57	25
3	费城76人队	54	28
4	亚特兰大老鹰队	50	32
5	底特律活塞队	46	36
6	华盛顿子弹队	39	43
7	新泽西篮网队	39	43
8	芝加哥公牛队	30	52
9	克利夫兰骑士队	29	53
10	印第安纳步行者队	26	56
11	纽约尼克斯队	23	59
西部联盟			
排名	球队	胜	负
1	洛杉矶湖人队	62	20
2	休斯敦火箭队	51	31
3	丹佛掘金队	47	35
4	达拉斯独行侠队	44	38
5	犹他爵士队	42	40
6	波特兰开拓者队	40	42
7	萨克拉门托国王队	37	45
8	圣安东尼奥马刺队	35	47
9	洛杉矶快船队	32	50
10	菲尼克斯太阳队	32	50
11	西雅图超音速队	31	51
12	金州勇士队	30	52

NBA PLAYOFFS

NBA季后赛 对阵表
1985—1986赛季

W_{est}   E_{ast}

休斯敦
火箭队 3

萨克拉门托
国王队 0

丹佛
掘金队 3

波特兰
开拓者队 1

洛杉矶
湖人队 3

圣安东尼奥
马刺队 0

达拉斯
独行侠队 3

犹他
爵士队 1

休斯敦
火箭队 4

丹佛
掘金队 2

洛杉矶
湖人队 4

达拉斯
独行侠队 2

休斯敦
火箭队 4

洛杉矶
湖人队 1

The Finals

波士顿凯尔特人队

休斯敦
火箭队 2

波士顿
凯尔特人队 4

波士顿
凯尔特人队 4

亚特兰大
老鹰队 1

密尔沃基
雄鹿队 0

费城
76人队 3

波士顿
凯尔特人队 3

芝加哥
公牛队 0

亚特兰大
老鹰队 3

底特律
活塞队 1

密尔沃基
雄鹿队 3

新泽西
篮网队 0

费城
76人队 3

华盛顿
子弹队 2

密尔沃基
雄鹿队 4

费城
76人队 3

159

迈克尔·乔丹是公认的宇宙头号飞人，但直到职业生涯第三个赛季，"飞人陛下"才真正将飞翔绝技淋漓尽致地展现。

1987年扣篮大赛，多米尼克·威尔金斯有伤在身，杰罗姆·克西顶班参赛，其他参与"扣篮王"角逐的还有"滑翔机"德雷克斯勒和第二次参赛的乔丹等6名球员。

首轮预赛，斯坦斯贝里、德雷克斯勒和克西率先进入半决赛，而乔丹由于第一扣难度不大，仅仅得到41分。第二扣，乔丹祭出高难度动作，可惜未果。好在还有两次机会，这一次乔丹将球砸向地板，双手抓住弹起的球将其灌入篮筐。尽管这一扣力道稍嫌不足，乔丹还是幸运地搭上了半决赛的末班车。

半决赛中，乔丹终显飞人本色，他拷贝了"J博士"朱利叶斯·欧文

乔丹加冕扣篮王
"魔术师"惊世一勾

1986—1987

总冠军：**洛杉矶湖人队**

总决赛MVP：**埃尔文·约翰逊**（湖人队）

得分王：**迈克尔·乔丹**（公牛队/37.1分）

篮板王：**查尔斯·巴克利**（76人队/14.6个）

助攻王：**埃尔文·约翰逊**（湖人队/12.2次）

最有价值球员：**埃尔文·约翰逊**（湖人队）

最佳新秀：**查克·珀森**（步行者队）

最佳防守球员：**迈克尔·库珀**（湖人队）

最佳第六人：**里奇·皮尔斯**（雄鹿队）

进步最快球员：**戴尔·埃利斯**（超音速队）

最佳教练：**迈克·舒勒**（开拓者队）

在扣篮大赛上从罚球线起跳后滑翔扣篮的经典动作。稍有不同的是，乔丹是从另一侧篮下开始助跑，从罚球线起跳后单手扣篮，一举博得49分的高分。第二扣，乔丹从右侧篮下起跳，右手持球在空中转体180度，来了一个风车式灌篮，又一个49分。第三扣，乔丹改从左侧起跳，双手持球，身体几乎与地面平行，用右手将球大力灌进篮筐，这记被命名为"亲吻篮筐"的重扣为他赢得了满分。三扣过后，乔丹携手克西进入决赛。

决赛中前两扣乔丹均得到48分，第三扣他打算在空中做一个类似超人飞行的动作，无奈难度太大没有成功。"补扣"时乔丹重现"亲吻篮筐"，这一扣无论是从飞行姿势还是从扣篮力道上来说都堪称完美。146分，乔丹首次加冕"扣篮王"。

这是乔丹井喷式爆发的一个年份，除了加冕"扣篮王"，他在常规赛中总共得到3041分，场均37.1分——继1963年的维尔特·张伯伦后，NBA第一次有球员单赛季突破3000分大关。遗憾的是，公牛队在季后赛首轮再次遭遇横扫，"肇事者"依然是凯尔特人队。

在1986年选秀大会上，凯尔特人队用2号签选中了马里兰大学的伦·拜亚斯，然而仅仅两天后，他就因为过度服用可卡因离开了人间，球队的补血计划无奈宣告流产。

开季后比尔·沃顿和斯科特·韦德曼先后受伤，板凳成色大打折扣，主教练K.C.琼斯不得不把重任完全交给首发球员，伯德、帕里什、麦克海尔和丹尼斯·约翰逊该赛季的场均出场时间都在37分钟以上。

常规赛凯尔特人队取得了东部第一、联盟第二的59胜23负，可到了季后赛，主将太过劳累的弊病逐步显现。首轮以3：0横扫公牛队后，凯尔特人队打满14场比赛才艰难淘汰雄鹿队和活塞队。

尤其是对活塞队的第五战，若没有伯德的个人表演，"绿衫军"恐怕早就一命呜呼了。全场比赛还剩最后5秒，活塞队领先1分且掌控球权，令人意外的一幕上演了：伊赛亚·托马斯发界外球，伯德抢断成功，助攻丹尼斯·约翰逊上篮得分，凯尔特人队起死回生。抢七局中凯尔特人队117：114惊险淘汰活塞队，晋级总决赛。

上一赛季被火箭队爆冷阻击的湖人队卷土重来，他们在休赛期做出两个重要调整，把卢卡斯交易出去，让A.C.格林司职首发大前锋，还笼络来了马刺队的汤普森。

贾巴尔年事渐高，主教练帕特·莱利因势利导，把进攻核心从"天勾"转移到了"魔术师"约翰逊身上。这一转变收到效果，约翰逊以场均12.2次助攻蝉联助攻王，还能得到职业生涯最高的场均23.9分，将常规赛MVP收入囊中。减负后的贾巴尔场均也有17.5分入账，而库珀成了该赛季的最佳防守球员。

全民皆兵，人尽其用，湖人队在常规赛豪取联盟最好的、同时也是队史第二好的65胜。季后赛中湖人队越发不可遏止，横扫掘金队，以4∶1淘汰勇士队，横扫超音速队后，挺进总决赛。

湖人队vs凯尔特人队，无比熟悉的戏码。

总决赛前两战，伤病累累、替补羸弱的凯尔特人队无计可施，吞下0∶2的苦果。第四战堪称经典。面对求生欲超强的凯尔特人队，湖人队整场比赛都在苦苦追赶，直到最后时刻还以104∶106落后。此时贾巴尔得球后造成犯规博得两次罚球，第一罚命中，但第二罚弹筐而出，幸运的是，凯尔特人队将球碰出界外，湖人队再次得到控球权。暂停回来，"魔术师"约翰逊于左翼接球，意欲跳投，但身形瘦长的麦克海尔拼命挡住球路。于是约翰逊转而运球切入，麦克海尔如影随形，伯德和帕里什也迅速包夹过来，可在三人合围圈形成之前，"魔术师"竟出人意料地在罚球线上来了一记勾手，球划出一条美妙的弧线稳稳进筐，湖人队反超。伯德绝望地投失压哨球，湖人队以107∶106上岸，并最终以4∶2捧杯，"魔术师"约翰逊荣膺总决赛MVP。

"你可以想到会败于湖人队的勾手，但你无论如何也想不到，使出这招的居然是约翰逊。"伯德后来回忆起那一勾，悻悻然。

各路豪强杀得天昏地暗，大卫·斯特恩也没闲着，1987年4月，总裁先生宣布了新的扩军计划：夏洛特黄蜂队和迈阿密热火队将于1988年加入联盟，而奥兰多魔术队和明尼苏达森林狼队1989年来投。

1986—1987赛季排名

东部联盟			
排名	球队	胜	负
1	波士顿凯尔特人队	59	23
2	亚特兰大老鹰队	57	25
3	底特律活塞队	52	30
4	密尔沃基雄鹿队	50	32
5	费城76人队	45	37
6	华盛顿子弹队	42	40
7	印第安纳步行者队	41	41
8	芝加哥公牛队	40	42
9	克利夫兰骑士队	31	51
10	新泽西篮网队	24	58
11	纽约尼克斯队	24	58

西部联盟			
排名	球队	胜	负
1	洛杉矶湖人队	65	17
2	达拉斯独行侠队	55	27
3	波特兰开拓者队	49	33
4	犹他爵士队	44	38
5	金州勇士队	42	40
6	休斯敦火箭队	42	40
7	西雅图超音速队	39	43
8	丹佛掘金队	37	45
9	菲尼克斯太阳队	36	46
10	萨克拉门托国王队	29	53
11	圣安东尼奥马刺队	28	54
12	洛杉矶快船队	12	70

NBA PLAYOFFS

NBA季后赛 对阵表
1986—1987赛季

West   **E**ast

洛杉矶
湖人队 **3**
　　　　洛杉矶
　　　　湖人队 **4**
丹佛
掘金队 **0**
　　　　　　　　洛杉矶
　　　　　　　　湖人队 **4**

金州
勇士队 **3**
　　　　金州
　　　　勇士队 **1**
犹他
爵士队 **2**
　　　　　　　　　　　　洛杉矶湖人队 **4**

西雅图
超音速队 **3**
　　　　西雅图
　　　　超音速队 **4**
达拉斯
独行侠队 **1**
　　　　　　　　西雅图
　　　　　　　　超音速队 **0**

休斯敦
火箭队 **3**
　　　　休斯敦
　　　　火箭队 **2**
波特兰
开拓者队 **1**

洛杉矶湖人队

洛杉矶
湖人队 **4**　波士顿
凯尔特人队 **2**

波士顿
凯尔特人队 **4**
　　　　波士顿
　　　　凯尔特人队 **3**
芝加哥
公牛队 **0**
波士顿
凯尔特人队 **4**

密尔沃基
雄鹿队 **3**
　　　　密尔沃基
　　　　雄鹿队 **3**
费城
76人队 **2**

底特律
活塞队 **4**
　　　　底特律
　　　　活塞队 **3**
华盛顿
子弹队 **0**
底特律
活塞队 **3**

亚特兰大
老鹰队 **3**
　　　　亚特兰大
　　　　老鹰队 **1**
印第安纳
步行者队 **1**

单以个人论，本赛季属于迈克尔·乔丹。继上个赛季揽获得分王和扣篮王后，乔丹在该赛季的演出更为惊艳，他几乎垄断了所有个人奖项：得分王、常规赛MVP、最佳防守球员、扣篮王、全明星赛MVP。

不过乔丹的公牛队依然处于崛起期，季后赛首轮斩落骑士队后，第二轮以1：4被"坏孩子军团"活塞队淘汰。

换句话说，这也是公牛队在为雄起积累经验，或者说缴纳学费，他们一直在默默地招兵买马，为"陛下"遴选帮手。

在1987年选秀大会上，公牛队选中了霍勒斯·格兰特，但最重要的是，拿不上桌面的线下交易后，史上最伟大的"二当家"斯科特·皮蓬入主芝加哥。大学最后一年，皮蓬场均砍下23.6

1987—1988

乔丹惊天表演难救主
湖人队成功卫冕

总冠军：洛杉矶湖人队

总决赛MVP：詹姆斯·沃西（湖人队）

得分王：迈克尔·乔丹（公牛队/35.0分）

篮板王：迈克尔·凯奇（快船队/13.0个）

助攻王：约翰·斯托克顿（爵士队/13.8次）

最有价值球员：迈克尔·乔丹（公牛队）

最佳新秀：马克·杰克逊（尼克斯队）

最佳防守球员：迈克尔·乔丹（公牛队）

最佳第六人：罗伊·坦普利（独行侠队）

进步最快球员：凯文·达克沃斯（开拓者）

最佳教练：道格·莫（掘金队）

分、10个篮板，吸引了一大帮球探的注意。这自然也包括公牛队。

为了得到梦寐以求的皮蓬，公牛队在选秀大会前夜与超音速队达成一笔内幕交易，如果后者能在第5顺位选到皮蓬，他们将在第8顺位选择中锋奥尔登·波利尼斯，然后再搭上第二轮选秀权以及1988年或者1989年的首轮选秀权，二者进行交换。就这样，乔丹和皮蓬走到了一起，后来成为红得发紫的黄金拍档。

公牛队之外，活塞队的崛起更为令人侧目。伊赛亚·托马斯、比尔·兰比尔、里克·马洪、阿德利·丹特利、乔·杜马斯、维尼·约翰逊、丹尼斯·罗德曼、约翰·塞里……功勋主帅查克·戴利以"微笑刺客"为核心，构架起了强硬、铁血、默契甚至手段有些肮脏的"坏孩子军团"。

常规赛阶段，活塞队取得了中部赛区第一的54胜，季后赛前两轮顺利淘汰子弹队和公牛队，在东部决赛中和凯尔特人队遭遇。

之前那个赛季，活塞队在东部决赛中以3：4惜败给凯尔特人队，毫无疑问，这是他们复仇的绝佳机会。

常规赛中的凯尔特人队依旧强势，伯德和麦克海尔场均分别贡献29.9

分和22.6分，57胜25负的战绩领先同区第二19个胜场。但"绿衫军"的老龄化问题上个赛季就开始显露，这个赛季他们并未做大调整。果不其然，老龄化纵队遇到峥嵘初显的活塞队，打得异常吃力，三个主场比赛竟然只获一胜。最终，"坏孩子军团"以4：2复仇成功，时隔32年后再次来到总决赛。

另一支总决赛球队依然是湖人队。

1969年凯尔特人队之后，联盟中就再也没有球队能完成卫冕大业。在很多人看来，联盟疯狂扩军，导致了各队之间实力异常接近，卫冕逐渐成为一项不可能完成的任务。但有一个人觉得这个理论有些扯淡，他就是湖人队主教练帕特·莱利。

20世纪80年代至今，湖人队已经收获四个总冠军，"神算子"仍然不够满意，他的目标是率队卫冕——王朝球队的一个最基本前提即"卫冕"。1987年夏天，湖人队登顶后的第二天，莱利就在庆功会上放出话来，一定要带队卫冕。

湖人队开季强势，豪取8连胜。不过在随后的9场比赛里，湖人队一下子输掉6场。以115：114战胜凯尔特人队后，湖人队止住颓势，一鼓作气拿下当时队史第二长的15连胜。

在常规赛中，拜伦·斯科特场均砍下21.7分，詹姆斯·沃西也有19.7分入账，米切尔·汤普森辅弼贾巴尔，"三年级"大前锋A.C.格林也越发成熟，湖人队最终获得联盟最好的62胜，连续第七年成为太平洋赛区冠军。

在季后赛中，首轮横扫马刺队晋级后，湖人队遇到爵士队和独行侠队的强力阻击，缠斗14场后方得以晋级总决赛。莱利离兑现卫冕誓言越来越近了。

湖人队奉行"Show Time"深入人心，而活塞队则依仗身体和防守，这届总决赛是两种篮球风格的较量。

前5场比赛过后，湖人队以2：3落后，已然被逼上了断崖。第六战是传世经典：第三节比赛中，"微笑刺客"伊赛亚·托马斯脚踝严重扭伤，但他在关键时刻重伤不下火线，这一节狂取创总决赛历史单节得分纪录的25分，全场砍落43分。托马斯单脚起跳投篮，疼得龇牙咧嘴，踉跄地跛出场外的那一幕已成历史经典影像。悲怆的是，那场比赛的胜者是湖人队，103：102，大比分3：3。

抢七局两队仍旧激烈互殴，比分一直紧咬，此时詹姆斯·沃西站了出来，用三双数据助推湖人队以108：105成功卫冕，莱利的豪言成为现实。詹姆斯·沃西当选总决赛MVP。

值得一提的是，这个赛季的助攻王是爵士队的约翰·斯托克顿。这个身高1.85米的家伙接过"魔术师"权杖的同时，拉开了连续9个赛季垄断助攻王的大幕。

1987—1988赛季排名

东部联盟			
排名	球队	胜	负
1	波士顿凯尔特人队	57	25
2	底特律活塞队	54	28
3	芝加哥公牛队	50	32
4	亚特兰大老鹰队	50	32
5	密尔沃基雄鹿队	42	40
6	克利夫兰骑士队	42	40
7	华盛顿子弹队	38	44
8	纽约尼克斯队	38	44
9	印第安纳步行者队	38	44
10	费城76人队	36	46
11	新泽西篮网队	19	63
西部联盟			
排名	球队	胜	负
1	洛杉矶湖人队	62	20
2	丹佛掘金队	54	28
3	达拉斯独行侠队	53	29
4	犹他爵士队	47	35
5	波特兰开拓者队	53	29
6	休斯敦火箭队	46	36
7	西雅图超音速队	44	38
8	圣安东尼奥马刺队	31	51
9	菲尼克斯太阳队	28	54
10	萨克拉门托国王队	24	58
11	金州勇士队	20	62
12	洛杉矶快船队	17	65

NBA PLAYOFFS

NBA季后赛 对阵表
1987—1988赛季

W_{est}   E_{ast}

洛杉矶湖人队

迈克尔·乔丹继续大杀四方，该赛季场均砍下联盟最高的32.5分，场均送出职业生涯最高、联盟第十的8次助攻，场均摘下职业生涯最高的8个篮板，此外每场还能贡献联盟第三的2.89次抢断。不过，乔丹本赛季最精彩的演出并不是这些，而是被无数影像记录下来，并被不厌其烦地重放的"The Shot"。

尽管乔丹已是联盟头号无解男，但当季后赛开打时，没有多少人认为47胜35负的公牛队能制造多大动静，尤其是他们面对的是常规赛57胜25负的克星骑士队。就连芝加哥当地媒体也不看好他们的主队，有媒体甚至预测公牛队会被0：3横扫。

这触痛了胜利偏执狂乔丹，他发誓率领公牛队在4场之内搞定骑士队。

1988—1989

"The Shot" 诞生
"坏孩子军团" 登基

总冠军：**底特律活塞队**

总决赛MVP：**乔·杜马斯**（活塞队）

得分王：**迈克尔·乔丹**（公牛队／32.5分）

篮板王：**哈基姆·奥拉朱旺**（火箭队／13.5个）

助攻王：**约翰·斯托克顿**（爵士队／13.6次）

最有价值球员：**埃尔文·约翰逊**（湖人队）

最佳新秀：**米奇·里奇蒙德**（勇士队）

最佳防守球员：**马克·伊顿**（爵士队）

最佳第六人：**埃迪·约翰逊**（太阳队）

进步最快球员：**凯文·约翰逊**（太阳队）

最佳教练：**科顿·菲茨西蒙斯**（太阳队）

骑士队明星后卫马克·普莱斯腹股沟拉伤给了公牛队机会，公牛队在克利夫兰以95：88取得开门红。3战过后，公牛队2：1领先，本有机会在5月5日的主场比赛中晋级。可惜乔丹在常规时间行将结束时错失一个罚球，骑士队把比赛拖进加时，最终以108：105获胜，赢得一线生机。

乔丹后来回忆说，那个该死的罚球点燃了他在生死战中自我救赎的欲火。事实也果真是这样。第五战双方陷入艰苦卓绝的拉锯战，比赛还剩最后6秒钟时，乔丹的近距离跳投让公牛队取得99：98的领先。骑士队叫了暂停，主帅兰尼·威尔肯斯设计了一次进攻。队员执行得很完美，埃洛发边线球给中场附近的南斯，后者再回传给埃洛，埃洛带球突入内线上篮得分，100：99，骑士队反超1分。

美中不足的是，骑士队给公牛队，确切说是给乔丹留下了足足3秒钟的时间。埃洛此战发挥近乎完美，得到了全队最高的24分，可残酷的是，他没成为英雄，反倒成了倒霉的背景板。

公牛队暂停，主帅道格·科林斯指定塞勒斯中线发界外球。威尔肯斯选择放塞勒斯发球，用埃洛和南斯去包夹乔丹。乔丹迅速摆脱了南斯，这一瞬间，斯科特·皮蓬从旁边飘过，埃洛下意识地移动了一步。正是这一步，给了乔丹空间，他在右边线附近接到了球，运了两下，比埃洛提前一步游弋到了罚球线附近。然后就是那征服世界的一球：乔丹跳起，仿佛停滞在空中，出手，蜂鸣器响起，球进，乔丹率队上岸。

尽管如此，乔丹和他的公牛队仍然迈不过活塞队这座大山。上赛季总决赛失利后，比尔·兰比尔和伊赛亚·托马斯在更衣室里抱头痛哭，心有罅隙的他们化干戈为玉帛。从这种意义上来说，这次刻骨铭心的失利使得活塞队的更衣室氛围更加和睦，他们决定卷土重来，一定要把总冠军搞到手。

休赛期，活塞队用头号得分手丹特利加一个首轮选秀权从独行侠队换来全明星前锋马克·阿圭尔。事实证明，这次豪赌是正确的。常规赛阶段，活塞队63胜19负笑傲联盟，这也是队史最好战绩。到了季后赛，活塞队更加势不可当，先后淘汰凯尔特人队、雄鹿队和公牛队，再次杀进总决赛。

所谓冤家路窄，湖人队也如约来到总决赛。

此时贾巴尔已经41岁高龄，这是"天勾"的最后一个赛季，湖人队决心要用总冠军来给这个功勋老将送行。

一切都看上去很美，"魔术师"约翰逊得到了第二个常规赛MVP，湖人队常规赛轻松取下57胜，这是他们第十次取得50胜以上的战绩，以2个胜场的优势压倒太阳队成为太平洋赛区的冠军。进入季后赛，湖人队同样马踏连营，前三轮的对手开拓者队、超音速队和太阳队，纷纷吃了鸭蛋。湖人队以不可思议的11连胜闯入总决赛。

物极必反。湖人队高调狂奔后，噩运不期而至。总决赛开打前，拜伦·斯科特腿部拉伤；总决赛第二战，"魔术师"约翰逊腿部也受伤。还没等对手出招，湖人队已被伤病折磨得够呛。

处于鼎盛期的活塞队当然不会错过这个绝佳机会，连出四招，以4：0横扫湖人队，酣畅复仇，轻松登顶。

总决赛中发挥最好的球员不是"微笑刺客"托马斯，不是兰比尔，也不是交易来的阿圭尔，而是一直默默无闻的乔·杜马斯，他在攻防两端的表现无可挑剔，4战场均得到27.3分，作为一名后卫，投篮命中率竟是恐怖的58%。乔·杜马斯当之无愧地当选总决赛MVP，而老贾巴尔则带着遗憾离开了球场。

1988—1989赛季排名

东部联盟			
排名	球队	胜	负
1	底特律活塞队	63	19
2	纽约尼克斯队	52	30
3	克利夫兰骑士队	57	25
4	亚特兰大老鹰队	52	30
5	密尔沃基雄鹿队	49	33
6	芝加哥公牛队	47	35
7	费城76人队	46	36
8	波士顿凯尔特人队	42	40
9	华盛顿子弹队	40	42
10	印第安纳步行者队	28	54
11	新泽西篮网队	26	56
12	夏洛特黄蜂队	20	62

西部联盟			
排名	球队	胜	负
1	洛杉矶湖人队	57	25
2	犹他爵士队	51	31
3	菲尼克斯太阳队	55	27
4	西雅图超音速队	47	35
5	休斯敦火箭队	45	37
6	丹佛掘金队	44	38
7	金州勇士队	43	39
8	波特兰开拓者队	39	43
9	达拉斯独行侠队	38	44
10	萨克拉门托国王队	27	55
11	圣安东尼奥马刺队	21	61
12	洛杉矶快船队	21	61
13	迈阿密热火队	15	67

NBA PLAYOFFS

NBA季后赛 对阵表
1988—1989赛季

West   **E**ast

洛杉矶
湖人队 `3`

波特兰
开拓者队 `0`

洛杉矶
湖人队 `4`

西雅图
超音速队 `3`

休斯敦
火箭队 `1`

西雅图
超音速队 `0`

洛杉矶
湖人队 `4`

菲尼克斯
太阳队 `3`

丹佛
掘金队 `1`

菲尼克斯
太阳队 `4`

金州
勇士队 `3`

犹他
爵士队 `0`

金州
勇士队 `1`

洛杉矶
湖人队 `0`

菲尼克斯
太阳队 `0`

The Finals

底特律活塞队

底特律
活塞队 `4`

底特律
活塞队 `3`

波士顿
凯尔特人队 `0`

底特律
活塞队 `4`

密尔沃基
雄鹿队 `0`

密尔沃基
雄鹿队 `0`

亚特兰大
老鹰队 `2`

底特律
活塞队 `4`

芝加哥
公牛队 `4`

芝加哥
公牛队 `3`

克利夫兰
骑士队 `2`

芝加哥
公牛队 `2`

纽约
尼克斯队 `2`

纽约
尼克斯队 `3`

费城
76人队 `0`

对于公牛队而言，乔丹加盟后的几个赛季可谓失望与希望并存，一次次令人失望，却又能让人看到曙光。

痛定思痛，公牛队在1989年夏天解雇了道格·科林斯，请来了"禅师"菲尔·杰克逊。杰克逊带来了更为先进的战术理念：三角进攻！这是一种讲求快速传导、穿插切入，灵活调动场上5人的战术系统。由于坐拥乔丹这样的超级巨星，杰克逊也留了一手，那就是当既定战术不灵时，乔丹拥有无线开火权。

乔丹继续霸占得分榜，三分球命中率也提高到了37.6%，在公牛队对阵骑士队的比赛中，他砍下了职业生涯最高的69分。在常规赛中，公牛队取得了自1971—1972赛季以来最好的55胜27负。

似乎是天意弄人，公牛队闯入东部决赛后，又一次碰到了克星活塞队，结果不变，他们又被"坏孩子军团"淘

"禅师"联手乔丹
"刺客"笑到最后

1989—1990

总冠军：底特律活塞队

总决赛MVP：伊赛亚·托马斯（活塞队）

得分王：迈克尔·乔丹（公牛队/33.6分）

篮板王：哈基姆·奥拉朱旺（火箭队/14.0个）

助攻王：约翰·斯托克顿（爵士队/14.5次）

最有价值球员：埃尔文·约翰逊（湖人队）

最佳新秀：大卫·罗宾逊（马刺队）

最佳防守球员：丹尼斯·罗德曼（活塞队）

最佳第六人：里奇·皮尔斯（雄鹿队）

进步最快球员：罗尼·塞卡利（热火队）

最佳教练：帕特·莱利（湖人队）

汰了。就和乔丹后来成为所有强队的噩梦一样，这三年活塞队就是乔丹的噩梦。哪年哪月，乔丹才会从梦中醒来？

夺取总冠军后，活塞队的阵容有所变化。由于明尼苏达森林狼队和奥兰多魔术队的加入，里克·马洪在扩军选秀中被挑走，顶替他位置的是老将詹姆斯·爱德华兹。较之马洪，爱德华兹的身体不够彪悍，但他在低位的杀伤力更强，可以有效地替阿圭尔分担得分压力。

在常规赛中，活塞队59胜23负，领跑东部。季后赛前两轮轻松淘汰步行者队和尼克斯队后，活塞队连续第三年遇到公牛队。恶战7场后，活塞队连续第三年闯入总决赛。

令人稍感意外的是，在总决赛等待他们的并不是湖人队。

贾巴尔退役后，汤普森成了湖人队的先发中锋，此外他们通过选秀签下了来自南斯拉夫的迪瓦茨。贾巴尔不在，"魔术师"约翰逊勇挑重担，常规赛场均贡献22.3分、11.5次助攻、6.6个篮板和1.7次抢断，四年来第三次荣膺常规赛MVP，湖人队则六年来第五次收获60+胜场，连续第九个赛季成为太平洋赛区第一。其中，湖人队的主场战绩是恐怖的37胜4负。

季后赛首轮对上拥有当赛季篮板王哈基姆·奥拉朱旺的火箭队，湖人队没费多大周折就晋级了。看上去一切都和原来一样。任谁也没有料到，季后赛第二轮，太阳队充当阻击者——这支球队阵中有凯文·约翰逊、汤姆·钱伯斯和霍纳塞克等精兵。最终，太阳队以4∶1的大比分把湖人队拉下马来。

出现在西部决赛中的另外一支球队是由"滑翔机"德雷克斯勒率领的开拓者队。开拓者队此前已经连续四年止步季后赛首轮，所以尽管他们常规赛取得了59胜23负的佳绩，仍然不被大多数人看好。直到开拓者队在季后赛第二轮中以4∶3淘汰马刺队后，球迷和对手才对他们刮目相看。最终，开拓者队在西部决赛中以4∶2射落太阳队，杀进总决赛。

总决赛首战，活塞队以105∶99胜出，开拓者队立马还以颜色，历经加时以106∶105客场险胜，将总比分扳平。

世事就是这么奇妙，就当大家以为这届总决赛又会成为拉锯战时，开拓者队却一下子被活塞队击垮。在伊赛亚·托马斯的率领下，活塞队此后连下三城，以4∶1的总比分成功卫冕。

托马斯5战场均砍下27.6分，还能送出8次助攻，摘下5.2个篮板，毫无疑问地当选总决赛MVP。

1989—1990赛季排名

东部联盟			
排名	球队	胜	负
1	底特律活塞队	59	23
2	费城76人队	53	29
3	芝加哥公牛队	55	27
4	波士顿凯尔特人队	52	30
5	纽约尼克斯队	45	37
6	密尔沃基雄鹿队	44	38
7	克利夫兰骑士队	42	40
8	印第安纳步行者队	42	40
9	亚特兰大老鹰队	41	41
10	华盛顿子弹队	31	51
11	奥兰多魔术队	18	64
12	迈阿密热火队	18	64
13	新泽西篮网队	17	65

西部联盟			
排名	球队	胜	负
1	洛杉矶湖人队	63	19
2	圣安东尼奥马刺队	56	26
3	波特兰开拓者队	59	23
4	犹他爵士队	55	27
5	菲尼克斯太阳队	54	28
6	达拉斯独行侠队	47	35
7	丹佛掘金队	43	39
8	休斯敦火箭队	41	41
9	西雅图超音速队	41	41
10	金州勇士队	37	45
11	洛杉矶快船队	30	52
12	萨克拉门托国王队	23	59
13	明尼苏达森林狼队	22	60
14	夏洛特黄蜂队	19	63

NBA PLAYOFFS

NBA季后赛 对阵表
1989—1990赛季

West   **E**ast

波特兰
开拓者队 **3**

达拉斯
独行侠队 **0**

波特兰
开拓者队 **4**

圣安东尼奥
马刺队 **3**

丹佛
掘金队 **0**

圣安东尼奥
马刺队 **3**

波特兰
开拓者队 **4**

The Finals

底特律活塞队

菲尼克斯
太阳队 **3**

犹他
爵士队 **2**

菲尼克斯
太阳队 **4**

菲尼克斯
太阳队 **2**

波特兰
开拓者队 **1**

洛杉矶
湖人队 **3**

休斯敦
火箭队 **1**

洛杉矶
湖人队 **1**

底特律
活塞队 **3**

印第安纳
步行者队 **0**

底特律
活塞队 **4**

底特律
活塞队 **4**

纽约
尼克斯队 **1**

纽约
尼克斯队 **3**

波士顿
凯尔特人队 **2**

底特律
活塞队 **4**

芝加哥
公牛队 **4**

密尔沃基
雄鹿队 **1**

芝加哥
公牛队 **3**

芝加哥
公牛队 **3**

费城
76人队 **1**

费城
76人队 **3**

克利夫兰
骑士队 **2**

图1　NBA历史上第一个总冠军——费城勇士队合照。

图2　联盟第一届得分王乔·弗尔克斯。

图3　1945年乔治·麦肯获得最佳大学球员奖。

图4　1947—1948赛季BAA总决赛的第二场，子弹队在半场结束
　　时落后21分的情况下上演大逆转，这是NBA历史上最伟大
　　的逆转之一。

182

图5　NBA历史上第一位黑人球员查克·库珀。

图6　1950—1951、1951—1952赛季联盟助攻王安迪·菲利普。

图7　NBA历史上第一个篮板王多尔夫·谢伊斯（左）。

图8　1952年1月20日，乔治·麦肯在对阵皇家队的比赛中拿下61分。

图9　1951—1952赛季得分王保罗·阿里金。

图10　1953年全明星赛，麦考利（左）与乔治·麦肯（右）争球。

图11　1952—1953赛季总冠军湖人队合影。

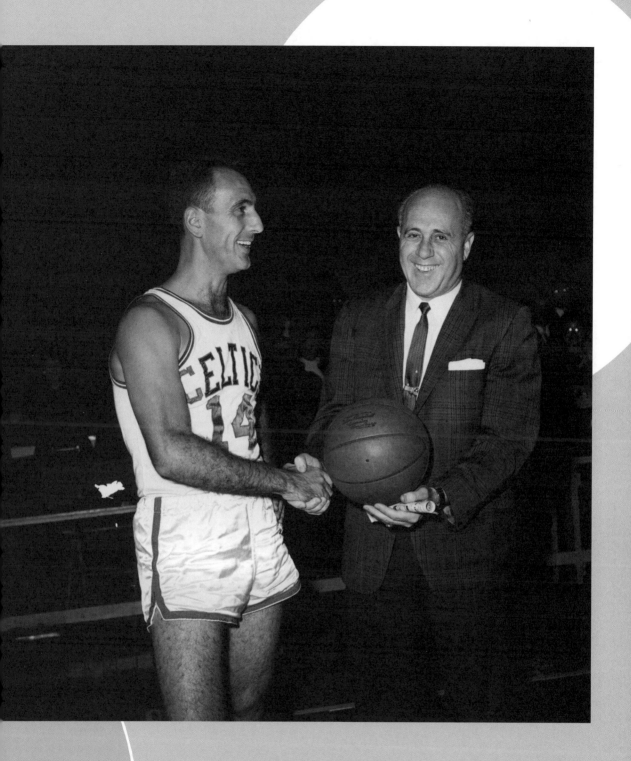

图12　NBA历史上第一个最佳新秀唐·曼尼克（右）。

图13　1952—1953赛季至1959—1960赛季，鲍勃·库西连续8个赛
　　　季荣膺联盟助攻王。

12　13

<table>
<tr><td>14</td><td>15</td></tr>
</table>

图14　NBA三届得分王尼尔·约翰斯顿（中）。

图15　1955年NBA全明星赛，东部明星队100∶91战胜西部明星队。

图16　1954—1955赛季NBA总冠军球队——锡拉丘兹民族队。

图17　凯尔特人队球员合影，鲍勃·库西（中）和比尔·拉塞尔（左二）。

图18　比尔·拉塞尔（右）于1956年12月19日在波士顿与凯尔特人队签订合同。

图19　佩蒂特获得1958年全明星赛MVP。

图20　1959年，埃尔金·贝勒（右）加盟明尼阿波利斯湖人队，成为湖人队历史上的救世主。

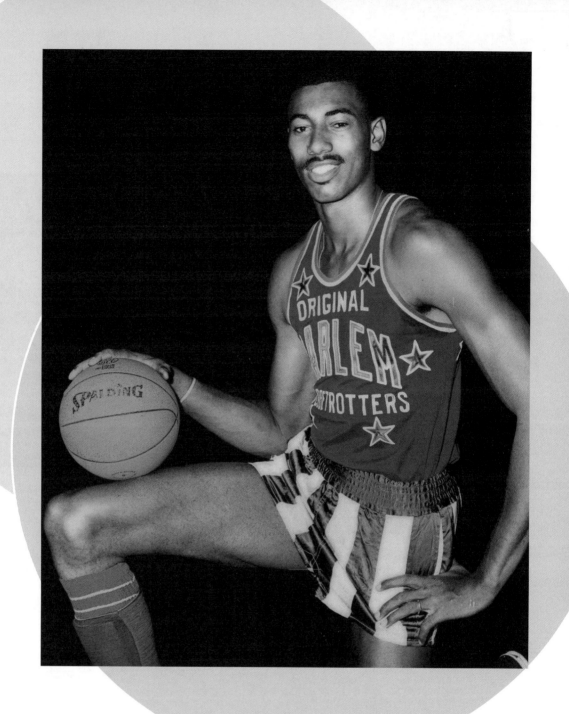

| 21 | 22 |

图21　1959年，张伯伦身穿哈林环球旅行者队球衣。

图22　奥斯卡·罗伯特森：1960年以状元秀的身份加盟辛辛那提皇家
　　　队，在职业生涯前10年一直效力于皇家队。1961—1962赛季创下
　　　了赛季场均三双的壮举（30.8分、12.5个篮板、11.4次助攻）。
　　　1970—1971赛季转投雄鹿队。

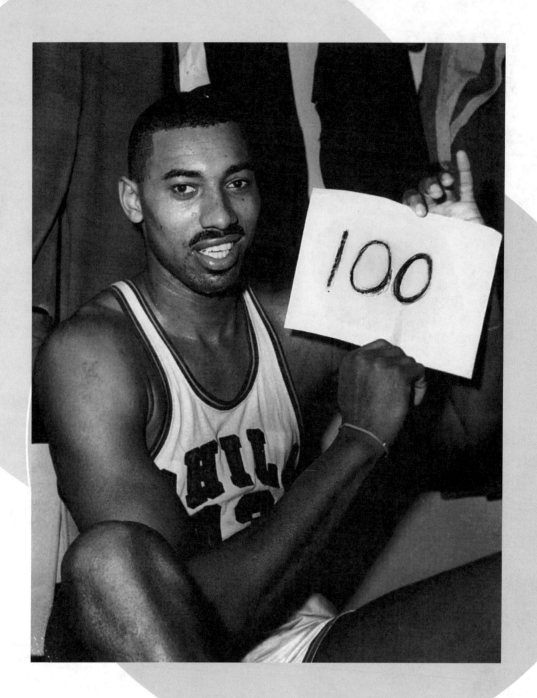

图23　1962年，张伯伦NBA单场100分留影。

图24　1962年，凯尔特人队老板沃尔特·布朗（左）和教练奥尔巴赫（右）看
　　　着约翰·哈弗里切克与球队签下他的第一份合同。

图25　哈弗里切克：凯尔特人队队史得分王（26395分）。生涯16个赛季一直
　　　效力于凯尔特人队，并帮助球队8夺NBA总冠军。

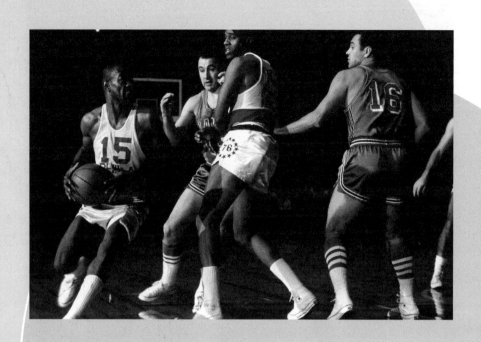

图28　1965—1966赛季，76人队以4：2战胜勇士队夺得总冠军。
图29　1968年东部决赛被称为比尔·拉塞尔与张伯伦的巅峰对决，
　　　76人队在3：1领先的情况下，被凯尔特人队连扳三场，凯尔
　　　特人队成为历史上首支在1：3落后情况下大逆转的球队。

| 30 | 31 |

图30　2013年11月1日，凯尔特人队传奇巨星比尔·拉塞尔参加自己的雕像揭幕仪式。

图31　杰里·韦斯特曾效力于洛杉矶湖人队。个人荣誉包括1次总决赛MVP，14次入选全明星，12次入选最佳阵容，5次入选最佳防守阵容。他获得过1次总冠军，生涯数据为27分、2.6次抢断和6.7次助攻，命中率47.4%。

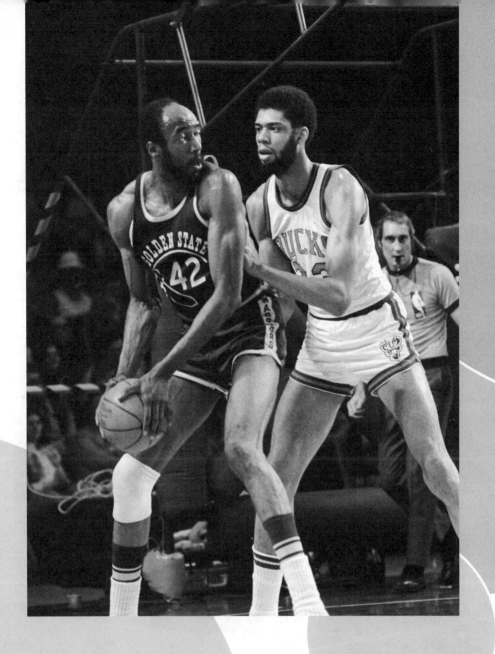

32	33

图32　奥斯卡·罗伯特森（右）曾12次入选全明星、9次入选最佳一
　　　阵，获得最佳新秀、1次总冠军、1次MVP、3次全明星赛MVP
　　　等荣誉。

图33　内特·瑟蒙德（左），勇士队传奇球星，曾在NBA征战过13个
　　　赛季（11个赛季效力勇士队）。瑟蒙德7次入选全明星，至今
　　　仍是勇士队队史篮板王。2016年7月17日，瑟蒙德因白血病辞
　　　世，享年74岁。瑟蒙德，NBA历史上第一个四双球员。1974—
　　　1975赛季，公牛队vs老鹰队的比赛中，瑟蒙德砍下22分、14个
　　　篮板、13次助攻、12次盖帽。

图34　韦斯·昂塞尔德（身穿41号球衣）在1968年进入联盟，1981年退役，期间他为华盛顿子弹队（奇才队前身）出战984场，场均10.8分、14个篮板。他在新秀赛季便荣膺常规赛MVP，并获得1977—1978赛季的FMVP，于1988年入选篮球名人堂。

图35　1970—1971赛季总决赛MVP贾巴尔。

图36-37　1971—1972赛季NBA总决赛，洛杉矶湖人队以4：1战胜
　　　　尼克斯队，张伯伦当选总决赛MVP。

| 36 | 37 |

210

图38　1972—1973赛季NBA总决赛，纽约尼克斯队以4：1战胜洛杉矶湖人队获得总冠军，威利斯·里德当选总决赛MVP。

图39　1974年3月26日，金州勇士队球员里克·巴里在面对波特兰开拓者队的比赛中拿下64分。

| 40 | 41 |

图40　1974年凯尔特人队夺冠后，哈弗里切克让老队友、时任凯尔特人队主教练汤姆·海因索恩享受了一次香槟浴。

图41　比尔·沃顿（左）在1974年NBA选秀中，以状元的身份被波特兰开拓者队选中，并在1976—1977赛季帮助开拓者队获得总冠军。

图42　1975年2月1日，贾巴尔（右）得到28分，雄鹿队以107∶97
　　　战胜费城76人队。

图43　1976—1977赛季NBA季后赛，洛杉矶湖人队贾巴尔（左）防
　　　守金州勇士队的格斯·威廉姆斯（右）。

<table>
<tr><td>44</td><td>45</td></tr>
</table>

图44　1979年"魔术师"约翰逊被湖人队选中后，展示湖人队32号球衣。

图45　1981—1982和1982—1983两个赛季，摩西·马龙（右）分别在火箭队和76人队荣膺常规赛MVP。

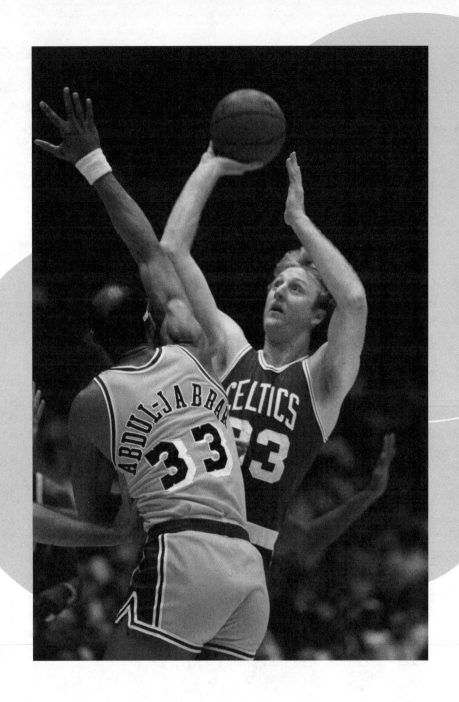

| 46 | 47 |

图46　1983—1984赛季NBA总决赛，波士顿凯尔特人队以4∶3战
　　　胜洛杉矶湖人队，拉里·伯德荣膺FMVP。图中，拉里·伯德
　　　（右）对位贾巴尔（左）。

图47　1984—1985赛季NBA总决赛，洛杉矶湖人队vs波士顿凯尔特
　　　人队，"魔术师"约翰逊（左）与罗伯特·帕里什（右）对位。

图48　1985—1986赛季NBA总决赛第六场，拉里·伯德（左）面对奥拉朱旺（右）的防守突破上篮。

图49　1986—1987赛季NBA东部决赛第一场，活塞队vs凯尔特人队，伊塞亚·托马斯面对拉里·伯德、麦克海尔的防守突破上篮。

图50 1986—1987赛季NBA总决赛，洛杉矶湖人队vs波士顿凯尔特人队，
比赛中"魔术师"约翰逊运球。

图51 1986—1987赛季NBA总决赛，波士顿凯尔特人队vs洛杉矶湖人队，
拉里·伯德突破上篮。

|52|54|
|53||

图52　1986—1987赛季NBA总决赛，洛杉矶湖人队vs波士顿凯尔特人队，
　　　"魔术师"约翰逊倒在地板上护球。

图53　1987年，"魔术师"约翰逊与主教练帕特·莱利庆祝洛杉矶湖人队夺
　　　得NBA总冠军。

图54　1987—1988赛季NBA全明星扣篮大赛中，迈克尔·乔丹标志性的
　　　"罚球线"扣篮。

55	57
56	58

图55 1987—1988赛季，乔丹场均35分、5.5个篮板、5.8次助攻、3.2次抢断、1.6次盖帽，首次荣膺常规赛MVP和最佳防守球员。

图56 1988—1989赛季NBA季后赛首轮采用五局三胜的赛制，乔丹所在的公牛队与骑士队鏖战至第五场生死战。比赛结束前7秒，公牛队落后一分，乔丹通过一记高难度的滞空投篮压哨绝杀骑士队，这记绝杀让公牛队以3:2的总比分淘汰了骑士队，同时也成为乔丹职业生涯关键投篮的代表作，被称为"The Shot"。

图57 1988—1989赛季NBA总决赛，活塞队击败湖人队夺得冠军。

图58 1990年NBA全明星赛，"魔术师"约翰逊（左）与拉里·伯德（右）握手致意。

死亡五小

公牛王朝

黑八奇迹

火箭22连胜

勇士单赛季73胜

骑士3：1史诗级逆转

火箭两连冠

两队合砍370分

森林狼三头怪

BOX-1战术

紫金王朝

绿军十年九冠

六加时大战

活塞五虎夺冠

湖人F4

爵士黑白双煞

雷霆三少

96黄金一代

GDP组合

奥本山宫殿事件

湖人33连胜

跑轰战术

凯尔特人八连冠

太阳半场狂砍107分

热火27连胜

电梯门战术

砍鲨战术

牛角战术

篮网三剑客

OK组合

停摆

勇士四年三冠

公牛单赛季72胜

03白金一代

水花兄弟

普林斯顿体系

马刺连续22年进季后赛

天王山之战

姚鲨对决

三角进攻

三个火枪手

劳资纠纷

抢七大战

绝地七武士

空接之城

汉普顿五小

小牛三驾马车

挡拆战术

黑白争雄

霍华德最佳防守球员三连

死亡之扣　　韦德封神总决赛

奥尼尔扣碎篮筐　乔丹流感之战

乔丹六冠王

詹姆斯连续9次总决赛

科比退役战60分

诺天王封神路

克莱单节37分

40岁乔丹砍43分

维斯布鲁克历史三双王

詹韦连线

米勒时刻　1.6米博格斯惊世封盖

德里克·费舍尔0.4秒绝杀

拉塞尔11次总冠军

詹姆斯18次入选全明星　状元姚明

"妖刀"

乔丹经典绝杀
"The Shot"

第一个外籍总决赛MVP

罗斯50分巅峰之夜

"死神"　马龙年近37岁获MVP

"大虫"罗德曼

利拉德"读秒时刻"

布克单场70分

奥拉朱旺超级四双　麦蒂35秒13分

君子雷载入史册三分球

莱昂纳德神奇绝杀

库里全票MVP

单场投丢42球

哈登60分三双

布雷克单节14次助攻　林疯狂

库里单赛季402个三分

单场17记盖帽

张伯伦单场100分

98.1%罚球命中率　纳什连获MVP

张伯伦35投全中

控卫之神

罗德曼连续七年篮板王

科比单场81分

斯托克顿助攻王九连庄

历史上最年轻的MVP

"进攻万花筒"